公文写作实战从入门到精通

吴振彩　徐　捷　编著

清华大学出版社
北　京

内 容 简 介

本书在前半部分用比较多的文字，系统地讲述了公文的基本知识、基本格式、写作技巧、问题规避、规范与处理等方面的内容；在后半部分详细讲述了各类公文的写作技巧与方法，具体包括7大类47小类，即15种法定类公文、9种事务类公文、8种规约类公文、4种凭据类公文、4种讲话类公文、4种书信类公文和3种礼仪类公文的写作要点与范例。

本书内容简洁全面、格式清晰，是一套完整、详细、实战性强的公文写作指导，可作为党政机关、社会团体和企事业单位工作人员从事公文写作的参考书。

本书封面贴有清华大学出版社防伪标签，无标签者不得销售。
版权所有，侵权必究。举报：010-62782989，beiqinquan@tup.tsinghua.edu.cn。

图书在版编目(CIP)数据

公文写作实战从入门到精通/吴振彩，徐捷编著. —北京：清华大学出版社，2023.1(2024.8重印)
ISBN 978-7-302-62304-5

Ⅰ.①公… Ⅱ.①吴… ②徐… Ⅲ.①公文—写作 Ⅳ.①H152.3

中国版本图书馆 CIP 数据核字(2022)第 253154 号

责任编辑：张　瑜
装帧设计：李　坤
责任校对：周剑云
责任印制：刘海龙

出版发行：清华大学出版社
网　　址：https://www.tup.com.cn，https://www.wqxuetang.com
地　　址：北京清华大学学研大厦 A 座　　邮　编：100084
社 总 机：010-83470000　　邮　购：010-62786544
投稿与读者服务：010-62776969，c-service@tup.tsinghua.edu.cn
质量反馈：010-62772015，zhiliang@tup.tsinghua.edu.cn

印 装 者：小森印刷霸州有限公司
经　　销：全国新华书店
开　　本：170mm×240mm　　印　张：14.25　　字　数：225 千字
版　　次：2023 年 1 月第 1 版　　印　次：2024 年 8 月第 3 次印刷
定　　价：59.80 元

产品编号：088442-01

前言

公文最早被发现于殷商时期,以甲骨文的形式被用作记载公共事务。现如今,公文也被广泛地应用于各党政机关、社会团体和企事业单位处理公共事务。可见,从古至今,公文在处理公务中都扮演着重要角色。

那么,公文如何在公务处理中发挥出更好的效用呢?这关乎拟写者的公文写作水平,其水平的高低决定着公文发挥效能的高低。

公文的写作水平是一项技能养成活动,对于初学者来说,可以通过认识公文的基础知识、基本格式,掌握公文的写作模式、写作要求,学习一定的写作技巧和方法,加上大量的练习与实战经验积累,来提升公文写作水平。

本书是以帮助公文写作初学者进阶成为公文写作高手为目标,按照点线面相结合的方式进行编写的,具体说明如下。

(1) 以提升拟写者的公文写作水平为中心主题。

(2) 以公文写作为线索串联全书:首先明确公文是什么、公文写作是什么、其写作的样式是怎样的;然后学习公文写作有什么技巧和方法、写作中存在的问题该如何规避解决;接着大致了解公文写作的基本规范与处理方法;最后详细学习各类不同文种的写作方法。

(3) 通过公文写作的基础知识讲解,以及不同文种的写作案例讲解两方面来展开介绍。

本书特色。

(1) 目标明确,指向性强。书中围绕帮助公文拟写者从入门到精通这一主题来组织内容,写作目的非常明确,有很好的指向性,能够帮助读者有针对性地学习和提高。

(2) 内容全面,重点突出。全书的结构严谨,将公文的基础知识、基本格式、写作技巧、规范与处理工作等各方面的知识以点线面相结合的方式展开,共划分为 10 章,涵盖内容全面且具体。其中,涉及写作技巧和方法的重要内容,又细分为公文的通用写作技巧讲解,以及法定类公文、事务类公文、规约类公文和凭证类公文等多类公文文种的写作技巧讲解,重点突出,有针对性,可帮助读者凭借一本书迅速掌握公文写作的全部技巧。

（3）实例丰富，实用性强。书中关于公文写作技巧和方法的讲解，采用了"抽象的知识陈述＋具体的应用实例"的方式，不仅能够更好地为读者讲解写作方法，同时也为读者提供了现成的可以套用的写作模板，从而能够帮助读者学以致用和学有所获。

（4）图文并茂，可读性强。书中对于公文知识、公文写作方法的讲解，以图文并茂的形式，通过168个图表，直观、生动地呈现知识点，使读者在学习中更具兴趣。

本书由吴振彩、徐捷编著，参与编写的人员还有朱霞芳、苏高，在此表示感谢。由于作者知识水平有限，书中难免有错误和疏漏之处，恳请广大读者批评、指正。

编　者

目 录

第1章 公文的基础知识 1

1.1 基础入门——公文的概念、特点和分类 2
- 1.1.1 了解公文的概念——为政务服务的公务文书 2
- 1.1.2 把握公文的特点——法定主体，规范行文 3
- 1.1.3 明确公文的分类——内容与形式，不同的分支 4

1.2 写作知识——基本作用，结构表达 6
- 1.2.1 公文写作的作用——主体出发，上下贯通 6
- 1.2.2 公文写作的结构——内容材料，谋篇布局 7
- 1.2.3 公文写作的表达——语言规范，表达有序 8

1.3 写作要求——内容严谨，格式规范 10
- 1.3.1 写作的内容要求——符合政令，实事求是 10
- 1.3.2 写作的格式要求——语体贴切，格式正确 11
- 1.3.3 写作的基本规律——发受结合，运转公文 12

第2章 公文的基本格式 15

2.1 格式概述——追溯起源，探其必要 16
- 2.1.1 公文格式的来源——始于殷商，规范至今 16
- 2.1.2 公文格式的作用——有效行文，便捷工作 18

2.2 格式构成——版头、主体和版记 18
- 2.2.1 版头——公文之"头"，六个要素 18
- 2.2.2 主体——公文之"体"，七个部分 20
- 2.2.3 版记——公文之"尾"，三个元素 24

2.3 一般格式——整体布局，普遍要求 26
2.4 特定格式——特殊文种，不同要求 26
2.5 格式范文——举例函、命令和纪要 27
- 2.5.1 函的范文——商洽事宜函 27
- 2.5.2 命令的范文——嘉奖令 28
- 2.5.3 纪要的范文——办公会议纪要 29

第3章 公文的写作技巧 31

3.1 写作流程——谋篇布局，依序进行 32
- 3.1.1 明确主题——初步定位，内容形式 32

3.1.2 收集资料——积攒养分，构成内容 ... 33
3.1.3 拟写提纲——提炼要点，构造框架 ... 33
3.1.4 初步成文——按照框架，汇总成篇 ... 34
3.1.5 修改润色——审查修改，优化定稿 ... 35

3.2 具体操作——结构要素，遵循方法 ... 36
3.2.1 写作开头——点明主旨，总领全文 ... 36
3.2.2 写作主体——内容衔接，有序排布 ... 38
3.2.3 写作结尾——深化主题，强化施令 ... 39

3.3 技巧点拨——掌握方法，提高文采 ... 40
3.3.1 起步定位——三位一体，精准把握 ... 41
3.3.2 内容承接——筛选材料，衔接内容 ... 42
3.3.3 思维转变——有心写成，决心写好 ... 42
3.3.4 合稿复盘——审查文稿，规避问题 ... 43

3.4 语言运用——规范词汇，准确表达 ... 44

第 4 章 公文写作的问题规避 ... 47

4.1 内容偏差——主题含糊，引用错误 ... 48
4.1.1 主题不明确——内容情况，认知不足 ... 48
4.1.2 材料引用错误——文不对题，本意曲解 ... 48

4.2 语言不当——文字符号，使用错误 ... 49
4.2.1 用词不准确——词语错用，表述不清 ... 49
4.2.2 数字不规范——两种形式，含混误用 ... 51
4.2.3 标点不恰当——不识用途，不辨语境 ... 51

4.3 格式出错——文种误认，格式滥排 ... 53
4.3.1 文种混淆——认知不清，越级行文 ... 54
4.3.2 标题错用——要素缺失，题义不符 ... 55
4.3.3 其他错误——格式要素，滥用乱排 ... 57

4.4 攻克问题——提升素养，掌握写法 ... 59
4.4.1 提升拟写者素养——不忘初心，稳固决心 ... 59
4.4.2 掌握好写作方法——有备无患，拟定审查 ... 61

第 5 章 公文的规范与处理 ... 63

5.1 规范原则——行文规范，审查原则 ... 64
5.1.1 行文关系规范——上行下泛，厘清关系 ... 64
5.1.2 内容审查原则——三大板块，三查三改 ... 66

目录

5.2 处理归档——落到实处，封存保管 ... 67
- 5.2.1 公文处理工作——按规操作，严格处理 ... 67
- 5.2.2 发文办理程序——复核登记，缮印发文 ... 69
- 5.2.3 受文办理程序——签收核实，传阅办理 ... 72
- 5.2.4 公文立卷工作——科学整理，装订保存 ... 73
- 5.2.5 公文归档工作——明确范围，按照要求 ... 76

5.3 公文管理——运转制度，存取有度 ... 77
- 5.3.1 公文的管理制度——处理归档，明文规定 ... 77
- 5.3.2 公文的管理方法——日常维护，方便查取 ... 78

第 6 章 法定类公文的写作 ... 79

6.1 报告——反映工作，领导知悉 ... 80
- 6.1.1 基本概述——报告的主要特点和用途 ... 80
- 6.1.2 写作要点——报告的结构和写作技巧 ... 80

6.2 请示——无权定夺，请求指示 ... 82
- 6.2.1 基本概述——请示的基本条件和分类 ... 82
- 6.2.2 写作要点——请示的结构和写作技巧 ... 82
- 6.2.3 对比分析——报告与请示的主要区别 ... 84

6.3 决议——重大事项，会议决策 ... 84
- 6.3.1 基本概述——决议的主要特点和分类 ... 85
- 6.3.2 写作要点——决议的结构和写作技巧 ... 85

6.4 决定——事项安排，严格执行 ... 87
- 6.4.1 基本概述——决定的主要特点和分类 ... 87
- 6.4.2 写作要点——决定的结构和写作技巧 ... 88
- 6.4.3 对比分析——决定与决议的主要区别 ... 89

6.5 命令——强制要求，有令必行 ... 89
- 6.5.1 基本概述——命令的概念特征与分类 ... 89
- 6.5.2 内容结构——命令的内容结构和要求 ... 90
- 6.5.3 写作技巧——拟写命令的要领和方法 ... 91

6.6 公告——重要事项，公开宣告 ... 92
- 6.6.1 基本概述——公告的主要特点和分类 ... 92
- 6.6.2 写作要点——公告的结构和写作技巧 ... 93

6.7 通告——业务事宜，公布周知 ... 94
- 6.7.1 基本概述——通告的主要特点和分类 ... 94
- 6.7.2 写作要点——通告的结构和写作技巧 ... 95

			6.7.3 对比分析——通告与公告的主要区别	96

- 6.8 公报——官方决定，普告天下 ... 96
  - 6.8.1 基本概述——公报的主要特点和分类 ... 96
  - 6.8.2 写作要点——公报的结构和写作技巧 ... 97
  - 6.8.3 对比分析——公报与公告的主要区别 ... 98
- 6.9 通知——事务处理，告知传达 ... 98
  - 6.9.1 基本概述——通知的主要特点和分类 ... 99
  - 6.9.2 写作要点——通知的结构和写作技巧 ... 99
- 6.10 通报——相关事项，告知下级 ... 100
  - 6.10.1 基本概述——通报的概念特征和分类 ... 101
  - 6.10.2 写作要点——通报的结构和写作技巧 ... 101
  - 6.10.3 对比分析——通报、通知、通告的关系 ... 102
- 6.11 意见——重要问题，提出见解 ... 103
  - 6.11.1 基本概述——意见的主要特点和分类 ... 103
  - 6.11.2 写作要点——意见的结构和写作技巧 ... 103
  - 6.11.3 范文分析——《关于切实解决××问题的意见》 ... 105
- 6.12 批复——下级请示，予以答复 ... 106
  - 6.12.1 基本概述——批复的主要特征和分类 ... 106
  - 6.12.2 写作要点——批复的结构和写作技巧 ... 106
- 6.13 议案——审议事项，依法提请 ... 108
  - 6.13.1 基本概述——议案的主要特点和分类 ... 108
  - 6.13.2 写作要点——议案的结构和写作技巧 ... 109
  - 6.13.3 范文分析——《关于提请解决××问题的议案》 ... 110
- 6.14 函——平行文种，商洽交流 ... 111
  - 6.14.1 基本概述——函的主要特征和分类 ... 111
  - 6.14.2 写作要点——函的结构和写作技巧 ... 112
- 6.15 纪要——会议情况，记载传达 ... 113
  - 6.15.1 基本概述——纪要的主要特征和分类 ... 113
  - 6.15.2 写作要点——纪要的结构和写作技巧 ... 114

第7章 事务类公文的写作 ... 117

- 7.1 工作要点——未来计划，罗列说明 ... 118
  - 7.1.1 基本概述——工作要点的特点和类别 ... 118
  - 7.1.2 写作要点——工作要点的结构和写作技巧 ... 118
  - 7.1.3 范文分析——《农委××××年安全生产工作要点》 ... 120

目录

- 7.2 工作计划——事先拟定，有序进行 121
  - 7.2.1 基本概述——工作计划的特点和分类 121
  - 7.2.2 写作要点——工作计划的结构和写作技巧 122
  - 7.2.3 范文分析——《××××年度学校安全工作计划》 123
- 7.3 方案——全面部署，方向指引 124
  - 7.3.1 基本概述——方案的主要特征和分类 124
  - 7.3.2 写作要点——方案的结构和写作技巧 124
  - 7.3.3 范文分析——《全民健康大讲堂活动实施方案》 126
- 7.4 安排——短期计划，具体实施 127
  - 7.4.1 基本概述——安排的主要特点和分类 127
  - 7.4.2 写作要点——安排的结构和写作技巧 128
  - 7.4.3 范文分析——《商贸流通工作安排》 129
- 7.5 工作总结——回顾总述，取长补短 130
  - 7.5.1 基本概述——工作总结的特点和分类 130
  - 7.5.2 写作要点——工作总结的结构和写作技巧 131
  - 7.5.3 范文分析——《学生会办公室学期末总结》 133
- 7.6 汇报——自我评价，汇总陈述 134
  - 7.6.1 基本概述——汇报的主要特点和作用 134
  - 7.6.2 写作要点——汇报的结构和写作技巧 135
  - 7.6.3 范文分析——《××乡优化人居环境工作汇报》 136
- 7.7 简报——简要报道，知晓动态 137
  - 7.7.1 基本概述——简报的主要特点和分类 137
  - 7.7.2 写作要点——简报的结构和写作技巧 138
  - 7.7.3 范文分析——《××学院第一次代表大会简报》 140
- 7.8 述职报告——履职情况，主体自述 140
  - 7.8.1 基本概述——述职报告的特点和分类 141
  - 7.8.2 写作要点——述职报告的结构和写作技巧 141
  - 7.8.3 范文分析——《××××年农业干部个人述职报告》 143
- 7.9 调查报告——实地考察，书面汇总 144
  - 7.9.1 基本概述——调查报告的特征和分类 144
  - 7.9.2 写作要点——调查报告的结构和写作技巧 145
  - 7.9.3 范文分析——《农民外出务工情况调查报告》 146

第 8 章 规约类公书的写作 149

- 8.1 章程——规章成文，有据可依 150

	8.1.1	基本概述——章程的特点和分类	150
	8.1.2	写作要点——章程的结构和写作技巧	151
	8.1.3	范文分析——《中国工会章程》	152

8.2 办法——特定事务，具体操作 ... 152
    8.2.1 基本概述——办法的特征和分类 ... 153
    8.2.2 写作要点——办法的结构和写作技巧 ... 153
    8.2.3 范文分析——《网络交易管理办法》 ... 154

8.3 规定——制定措施，贯彻执行 ... 155
    8.3.1 基本概述——规定的特征和分类 ... 156
    8.3.2 写作要点——规定的结构和写作技巧 ... 156
    8.3.3 范文分析——《关于实行党风廉政建设的规定》 ... 157

8.4 细则——规章制度，具体阐释 ... 159
    8.4.1 基本概述——细则的特点和分类 ... 159
    8.4.2 写作要点——细则的结构和写作技巧 ... 159
    8.4.3 范文分析——《××海关法行政处罚实施细则》 ... 161

8.5 条例——社会生活，全面覆盖 ... 161
    8.5.1 基本概述——条例的特点和含义辨析 ... 162
    8.5.2 写作要点——条例的结构和写作技巧 ... 163
    8.5.3 范文分析——《××市垃圾分类管理条例》 ... 164

8.6 规则——行为准则，保驾护航 ... 165
    8.6.1 基本概述——规则的特征和作用 ... 165
    8.6.2 写作要点——规则的结构和写作技巧 ... 165
    8.6.3 范文分析——《××招生考试考场规则》 ... 166

8.7 守则——道德规范，自觉遵守 ... 167
    8.7.1 基本概述——守则的特点和分类 ... 167
    8.7.2 写作要点——守则的结构和写作技巧 ... 168
    8.7.3 范文分析——《××公司员工守则》 ... 169

8.8 公约——协商拟定，公共规约 ... 169
    8.8.1 基本概述——公约的特征和分类 ... 170
    8.8.2 写作要点——公约的结构和写作技巧 ... 170
    8.8.3 范文分析——《××班级公约》 ... 171

第9章 凭证类公文的写作 ... 173

9.1 意向书——初步设想达成一致 ... 174
    9.1.1 基本概述——意向书的主要特点 ... 174

目录

	9.1.2 写作要点——意向书的结构和写作技巧	174
	9.1.3 范文分析——《××项目合作意向书》	176
9.2	合同——权利义务关系的协议	177
	9.2.1 基本概述——合同的特点和分类	177
	9.2.2 写作要点——合同的结构和写作技巧	178
	9.2.3 范文分析——《××政府采购合同》	179
9.3	协议书——意见统一签署契约	181
	9.3.1 基本概述——具有法律效力的公文	181
	9.3.2 写作要点——协议书的结构和写作技巧	181
	9.3.3 范文分析——《政府与大学合作协议书》	183
9.4	收条——钱财货物收领有据	184
	9.4.1 基本概述——收条的应用场合与分类	184
	9.4.2 写作要点——收条的结构和写作技巧	184
	9.4.3 范文分析——《××单位收条》	185

第10章 其他类公文的写作 ... 187

10.1	讲话类公文——表达某种目的和意义	188
	10.1.1 开幕词——拉开相应活动的序幕	188
	10.1.2 闭幕词——总结性的结束讲话文稿	190
	10.1.3 发言稿——在会议上发言的稿子	193
	10.1.4 欢迎词——对人表示欢迎的讲话稿	195
10.2	书信类公文——用于交际的应用文体	198
	10.2.1 感谢信——将感恩之情书面化	198
	10.2.2 介绍信——介绍联系接洽事宜	200
	10.2.3 证明信——用来表示证明的书信	202
	10.2.4 慰问信——表示关怀、慰问的书信	204
10.3	礼仪类公文——日常交友与为人处世	206
	10.3.1 悼词——缅怀先人和激励后人	206
	10.3.2 请柬——邀请宾客参与活动	208
	10.3.3 贺信——表示祝贺的专用文体	210

参考文献 ... 213

第1章

公文的基础知识

公文,即办公文书,是为了处理公务而存在的文体。公文的基础知识包括公文自身的基本含义、公文的写作知识以及公文的写作要求3方面内容,本章将对这些内容一一进行介绍。

1.1 基础入门——公文的概念、特点和分类

写作公文，需要从认识公文开始，这其中又包括了解公文的概念、把握公文的特点以及明确公文的分类 3 个方面内容。本节就从这 3 个方面具体介绍公文的基础知识。

1.1.1 了解公文的概念——为政务服务的公务文书

公文，即为办公的需要而使用的文书，这是公文的字面含义。下面重点介绍公文的基本内涵和属性内涵，帮助大家深层次地了解公文的概念。

1. 公文的基本内涵

公文，全称为"公务文书"，是社会公务活动的产物和工具。具体来说，公文是国家机关、社会团体和企事业单位在处理公务活动中产生的具有传递信息和记录作用的载体，这是公文的基本内涵。

深入解读这一内涵，可以归纳出公文的几个构成要素，具体如图 1-1 所示。

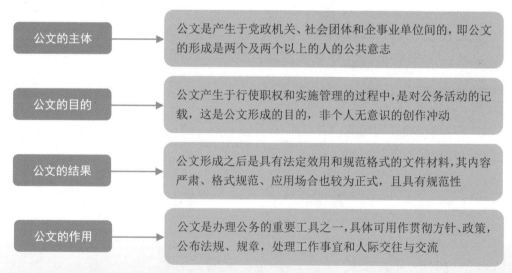

图 1-1 公文的构成要素

2. 公文的属性内涵

由上文介绍的公文的基本内涵可知，公文的作用是扮演办理公务的重要工具的角色。因此，从公文的属性方面来说，它是实现国家统治和公事、公务管理的一种重要

工具，特别是在政府机关公文中，它有着鲜明的属性特征，具体说明如下。

（1）公文是为党政机关服务的，带有国家政权的性质，具体表现在党政机关领导借助公文行使权力。

（2）公文具有鲜明的层级性，具体表现在公文是从属于一定的政治集团并为其服务的。

1.1.2 把握公文的特点——法定主体，规范行文

从公文的概念可得知，公文是一种适用于特定范围且具有特定格式的应用文。公文具有应用文的实用性特点，同时也具有它自身的一些特点，如权威性、规范性等。下面将对公文的特点进行介绍。

1. 权威性

公文的权威性体现在发文机关的权威和基本职能的权威，具体分析如下。

1) 发文机关的权威

公文的发文机关即公文的形成主体，是各级机关、社会团体和企事业单位，它代表的是这些社会组织的各个机关和部门。其通过公文传递国家的政策及命令、处理公共事务和推进工作的进行，这就要求发文机关具有法定权威性，这是确保达到公文发文目的的基础。

2) 基本职能的权威

公文的基本职能是将党政机关制定的方针/政策、颁布的法规/制度或解决工作问题的指令等告知给相应的受文单位或受文个人，但由于党政机关的权威性，其告知事项具有法定约束力，即要求受文对象知悉并依法贯彻执行，从而使得公文的这一基本职能也具有了权威性。

综上所述，公文是由具有权威性的党政机关制发的具有使用权威性的一种文体，这是公文区别于其他文书的基本特点，也是公文传达指令具有信服力和强制执行性的表现。

2. 特定性

公文具有明显的特定性，其主要表现有二，一是受体的显著性，即公文的受体是一个特定的群体，在拟写时会写明"主送机关""抄送机关"等受文对象；二是内容的限定性，即公文的内容必须反映和传达社会组织的公务信息。

3. 实用性

从公文的属性来看，它是一种服务于现实生活的重要工具，具有明显的实用性，具体表现在公文是社会组织为处理现实问题、解决公共事务而拟写的，可用作传达意图、颁布法规和工作商洽等。

4. 规范性

公文的成文和传播都是有一定规范的，表现在公文的拟写和公文的处理两个方面，具体说明如下。

（1）在公文的拟写方面：拟写公文时需要准确表达发文机关的意志，要求语言使用规范，按照特定的文体格式行文。

（2）在公文的处理方面：公文从起草、行文到收文、归档等整个过程需按照严格的程序进行，以便准确地发挥公文的作用和职能。

1.1.3　明确公文的分类——内容与形式，不同的分支

公文的应用很广泛，从不同的角度可以划分为不同的种类。下面将具体介绍公文的划分种类，以便大家明确公文的适用范围。

1. 从行文关系上

行文关系即公文的形成主体与受体之间的隶属关系，以此为依据，可将公文分为上行文、下行文、平行文和泛行文4类，具体说明如图1-2所示。

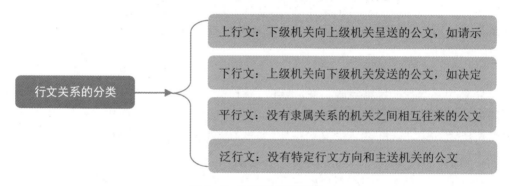

图1-2　行文关系的分类

2. 从内容性质上

从公文的内容性质上进行划分，可将公文划分为报请性公文、规约性公文、指挥性公文、知照性公文、商洽性公文和记录性公文等，具体说明如下。

（1）报请性公文：是指下级机关向上级机关汇报工作情况、请求事项批准或寻求问题解决的办法使用的公文，如请示、报告等。

（2）规约性公文：是指机关单位为开展工作而制定的具有约束力的明文规范，如章程、规定等。

（3）指挥性公文：是指上级机关向下级机关阐明工作事项、发布工作任务等使用的公文，如命令、批复等。

(4) 知照性公文：是指机关单位就重要事宜或重大事项向有关单位人员或社会群体进行公布的公文，如通知、公告等。

(5) 商洽性公文：是指机关单位之间相互商洽工作、询问或答复问题等使用的公文，如合同、函等。

(6) 记录性公文：是指社会各组织对工作或事项的有关情况进行整理、记录的公文，如纪要、工作总结等。

3. 从使用范围上

从公文的使用范围上划分，可将公文分为通用公文(包含党政机关法定类公文和常用事务类公文)、专用公文(特定部门使用的公文)两类。

4. 从内容重要度上

公文根据其内容的重要程度进行加密，以此角度可将公文划分为绝密公文、机密公文、秘密公文和普通公文 4 类，具体说明如下。

(1) 绝密公文：是指公文涉及的内容是最重要的，不容泄露，其保密期限长达 30 年之久。

(2) 机密公文：是指公文涉及的内容非常重要，不容公开，其保密期限长达 20 年之久。

(3) 秘密公文：是指其内容相对于绝密、机密公文重要程度较低，但仍需加密的公文，且不宜公开，保密期限长达 10 年之久。

(4) 普通公文：是指内容不涉及国家秘密，可在各机关单位间或社会群体间公开传阅的公文。

5. 从公文的载体上

公文虽为书面材料，但随着现代技术的进步和公文传播的便捷性要求，公文具有不同的承载形式，具体说明如下。

(1) 纸质公文：以纸张为载体的公文，是公文使用最普遍的形式。

(2) 磁介质公文：以磁盘、光盘等磁性材料为载体的公文，如录音文件等。

(3) 感光介质公文：以感光材料为载体的公文，如胶片等。

(4) 电子公文：以计算机为载体形成的电子文件，通过网络媒体传播。

6. 从承办时限上

公文按其需要受文对象承办的时间长短进行划分，可分为特急公文、加急公文和平急公文。这些种类的公文一般会在其首页或封面上用"特急""加急"等字样，予以注明。

综上所述，公文大致可从内容与形式上细分为不同的种类，而明确这些种类，有助于我们深入认识和拟写公文。

1.2 写作知识——基本作用，结构表达

公文的基础知识，不仅包括认识公文的概念、特点等基本常识，也包括公文的写作知识，即公文写作的作用、公文写作的结构布局以及公文的表达方式等。本节将详细地介绍公文的写作知识。

1.2.1 公文写作的作用——主体出发，上下贯通

在前面的介绍中，我们知道公文是处理公务时使用的文书，而在写作过程中由于其内容的不同，公文发挥着不同的作用，如领导机关实施领导与指挥、机关单位间规范行为与交流工作等。下面将具体介绍公文写作的作用。

1．实施领导与指挥

公文是党政机关等社会组织进行社会管理的重要工具，其最高可体现党和国家的意志，传达党的方针政策，一经发送，使命必达，因此写作公文具有实施领导与指挥的作用。

2．进行规范与约束

以规约性公文为例，其主要为规范人们的行为而拟写的。规约性公文具有两种表现形式，具体说明如下。

- 一种是国家为规范社会全体人员的行为而颁布的法律、法规，其主要是从道德层面规范人们的行为，对社会全体人员具有约束力。
- 另一种是社会组织在本单位间发布的，为完成某项工作任务或为达成某一共识而拟写的规章、制度，它是以法律、法规为依据而拟写的适用于团体间的规约，对团体成员具有约束力。

但无论哪一种规约类公文，都是以公文的形式进行规范与约束的，因此公文的写作具有规范与约束的作用。

3．沟通与交流信息

公文被用作各社会组织间处理公务，其势必会关乎各组织间的信息交流与联系。当各组织间的工作信息、工作情况有交互时，公文的拟写则充当着沟通与交流的桥梁作用，具体表现在以下 3 个方面。

(1) 上级机关对下级机关的工作进行指导，如决议、通报等。
(2) 下级机关将工作情况呈送给上级机关，如请示、报告等。
(3) 同级机关或不相隶属的机关单位间交流工作，如函等。

4. 依据与凭证效力

在一定程度上，拟写公文是对公务活动的记录，公文可作为一种依据和凭证，如纪要是对会议情况的记录以作为会议的凭证、意见是工作存在问题的解决依据等。且公文会经过严格的审批与整理归档程序，因此写作公文具有依据与凭证的作用。

1.2.2 公文写作的结构——内容材料，谋篇布局

写作公文前，掌握其写作的结构是十分有必要的，那么何为公文写作的结构呢？其写作的结构又有哪些构成要素呢？下面将为大家具体介绍公文写作的结构。

1. 结构的定义

所谓写作的结构，即拟写者按照一定的主题思想，对需要拟写的材料进行组织和编排，使之能够更好地传达出文章所要表达的意图。同理，公文写作的结构，是对公文材料的组织与编排、谋篇与布局。

公文按照一定的结构写作，可以让公文形成一定的样式，符合公文规范性的要求；也可以帮助拟写者厘清行文思路，使材料有序地被组织成一个有机的整体，从而更好地发挥公文的作用；还可以增添公文的可读性，从而更好地发挥公文的实用价值。

2. 结构的构成要素

不同种类的公文表现为不同的文体，因而也具有不同的内容结构，但总的来说，公文是一种应用文体，其结构大致可按照标题、开头、主体、结尾等要素来进行谋篇布局，具体说明如下。

（1）标题：是公文主要思想和内容的总述，一般由公文的主要内容和公文文种构成，有些社会组织发布的公文，在标题中还应写明发文单位的名称。

（2）开头：是公文内容的简要介绍或总述性话语，从而引出主体内容。其开头的写作有以下几种方式，具体陈述如下。

- 目的式：将公文写作的目的、缘由或意义交代清楚，然后引出下文。
- 依据式：先阐述公文写作的依据，或引用的政策、法规等，然后引出下文。
- 介绍式：概括性地介绍公文的主要内容、主要情况、背景等，适用于一些活动或会议类的公文写作。
- 结论式：将结论、结果先陈述出来，然后在主体部分详细论述。
- 提问式：先提出一个与公文内容相关的问题，然后引出下文，常用作调查报告的写作。

（3）主体：主体是公文内容的核心部分，也是结构布局的关键，它主要体现在层次与段落两个方面，具体说明如下。

- 层次上，公文的内容按照一定的次序进行编排，其内容的各个侧面构成"链条"，连接成主体部分。其层次的安排有以下 3 种不同的方式，具体如图 1-3 所示。

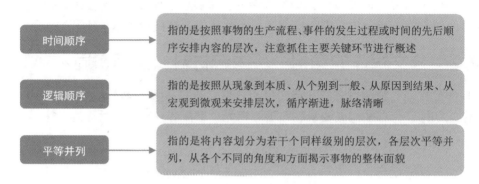

图 1-3　层次的不同安排方式

- 段落上，公文的内容按照分行的形式划分为若干段，每一个段落为一个内容的展现或一个层次，各段落间用过渡语，如"特通报如下"等串联起来，形成完整的篇章。

(4) 结尾：即公文内容的结束。写作结尾时，可以将主体内容的结束视作结尾，收束全文；可以总结归纳全文的主旨，以示强调结束全文；也可以提出希望与号召，以展望未来结束全文；还可以使用特定的结束用语，如"以上请示若无不妥，请予以批准"等。

1.2.3　公文写作的表达——语言规范，表达有序

如果说公文写作的结构是构成公文的"骨架"，那么公文写作的表达就是构成公文的"血与肉"。公文写作的表达，主要表现在语言的运用和表达方式两个方面，下面就这两个方面进行详细介绍。

1. 语言运用

公文写作的语言运用主要体现在"遣词造句"上，即词语的选择和句式的选择两个方面，且按照其内容性质和发文目的的不同，需要使用不同的语言，具体以报请性公文、规约性公文、知照性公文和商洽性公文为例说明如下。

1) 报请性公文

这类公文一般涉及的内容是需要得到领导的签发与批示的，则在陈述完主要内容时，要使用"请××单位签发""请××(单位或个人)审阅并报××签发"的语言，而领导在批示后使用"缓发""速发"等语言进行答复。

2) 规约性公文

这类公文是关于行为规范或准则的发布，需要受文对象知悉并遵守，因此一般常用语是"本规定自××日起施行""现将有关事项说明如下"等。

3) 知照性公文

这类公文是关于重大事项等的公布，其目的是让受文对象知悉，主要用语为"特此公告""现将有关情况通报如下"等。

4) 商洽性公文

这类公文主要是同级单位或组织间进行事项的合作与交流，因此常用礼貌性的语言表示尊重，如"贵公司""承蒙……"等。

无论哪种内容性质的公文，其写作语言的运用都需要遵守用语准确、简明、得体和庄重的要求。

2. 表达方式

公文属于应用文的范畴，其表达方式有叙述、议论和说明 3 种。大多数情况下，这 3 种表达方式是综合运用的，具体阐述如下。

(1) 叙述：指的是对一个事件或事项进行描绘。叙述可分为概叙、细叙、顺叙、插叙、倒叙、分叙 6 类。其中，公文写作中常用概叙、细叙和顺叙这 3 种方式，具体说明如图 1-4 所示。

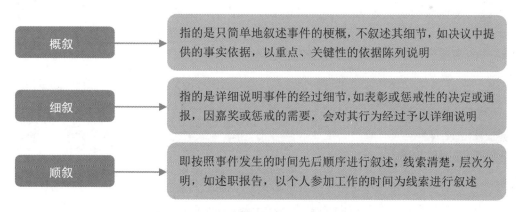

图 1-4 公文写作的 3 种常用叙述方式

(2) 议论：指的是对某一件事或某一项活动发表看法。它可以通过立论和驳论两种方式进行论证，具体说明如下。

- 立论是从自己的观点出发，直接寻找相关论据进行论证的方式。它可以通过列举事实、引用理论、比较相同性质的事物以及以原因推导出结果的方法进行立论。
- 驳论则是从对方的观点出发，间接论证自己观点的一种论证方式。它可以反驳对方的论点、论据以及论证，从而让自己的观点"站稳脚跟"。如议案的拟写，在提请审议的具体事项的写作中会陈述一些事实来论证其方案的可行性。

（3）说明：指的是将事物的性质、特征、情况等简明概要地陈述，如章程，其内容是对规章制度的要求与事项作简要的说明。

1.3 写作要求——内容严谨，格式规范

正所谓"章法有度，自成方圆"，为了写出一篇优秀的公文，拟写者还需要遵循一定的写作要求，如内容方面的要求、格式方面的要求等。本节将就公文写作的要求进行详细介绍。

1.3.1 写作的内容要求——符合政令，实事求是

公文写作的内容要求是实事求是，主要体现在符合国家政令和符合客观实际两个方面，具体说明如下。

1. 符合国家政令

公文是党政机关处理公共事务的文书，其以党和国家制定的方针政策、法规为总领，因此公文写作的内容要求第一要义是符合党和国家的方针政策、法律法规。而达到这一内容要求，需要拟写者具备如图 1-5 所示的素质。

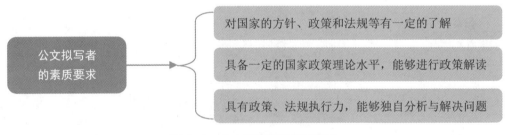

图 1-5 公文拟写者的素质要求

2. 符合客观实际

公文的内容涵盖许多公共事务，如规范人们行为的准则、解决工作问题的办法、调查社会现象的报告等，需要其准则的现实可行性、办法的可操作性以及调查数据的准确性，因此在写作公文内容时，还要求其符合客观实际情况，能够反映出社会的现实问题。

这一内容要求，需要拟写者在写作时，多深入社会生活，认真调查研究，同时，

涉及问题解决的办法时,能够有针对性地提出解决措施。

1.3.2 写作的格式要求——语体贴切,格式正确

公文在长期的应用中形成了固定样式,因此公文写作具有一定的格式要求,主要体现在公文语体的规范和公文格式的规范两个方面。下面就公文写作的格式要求进行详细说明。

1. 语体的规范

语体的规范指的是公文的不同文种以及不同文种使用的语言,其具有不同的规范与要求,具体说明如下。

(1) 公文的不同文种具有不同的适用范围,并表达出一定的内容。例如,通知是有关单位内部传达具体事项告知给单位人员的公文,而通告是机关单位对工作事项进行广而告之的公文,两者的受文对象不同,不能误用文种。

(2) 不同文种使用的语言不同。以结尾惯用语为例,如请示的结尾多为"以上请示若无不妥,请批准",而报告的结尾多为"特此报告",两者的使用目的不同,在语言表达上也有所不同,不能混淆。

综上所述,公文写作的语体规范方面要求,在写作时应使用贴切的文种、准确的语言以及遵守不同文种的用语习惯。

2. 格式的规范

公文写作在格式方面的要求主要体现在,其格式的构成要素如主送机关、标题、正文,或是纸张、排版、装订等方面须按严格的标准规范。其格式的规范表现 4 个方面的特征,具体说明如图 1-6 所示。

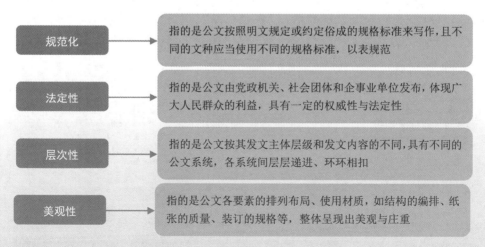

图 1-6 公文写作格式的不同表现特征

1.3.3 写作的基本规律——发受结合，运转公文

公文是一种为处理公务而存在的工具，而写作公文，则是一项使公文这一工具更好地发挥作用的活动。发挥公文的作用，主要是调动公文的基本要素，即发文者、公文和受文者之间的联系，具体可遵循以下 3 个基本规律。

1. 强制与自觉统一律

这一规律就是说公文具有强制执行的特性与受文者需要自觉遵守的本质联系。写作公文需要同时考虑这两方面的内容，具体如下。

1) 公文的强制执行性

公文得以存在的基础是它是机关单位进行公务管理的工具，其主要作用是领导行使职权、发布指令、颁布条规。如命令，体现了发令者与受令者之间的施、受关系；请示，体现了请示者与受请者之间的受、施关系；平行文也是职权平行的机关之间的相互联系，同样离不开施与受。

就这一层面而言，公文的发文者是法定的、有权施政的组织或个人，其受文者随发文者而定，是接受施政的法定的组织或个人。因此，公文是一种施政行为，具有法规的强制力和行政的约束力。

2) 受文者的自觉遵守

当公文缺乏正确性、实用性和可行性时，受文者便难以贯彻执行，其强制执行力就会减弱，公文容易流于形式，成为"一纸空文"。因此，为激发公文受文者的自觉遵守性，需要提高公文的科学性，具体可从以下两个方面进行加强。

- 在公文的拟写上，要确保其内容是建立在党的路线方针政策上，与实际情况相匹配，且需要结合历史经验教训与预测未来可能发生的问题，同时可对比同类文件，全面掌握信息。
- 在公文的审查上，按照 3 条标准进行审查，具体说明如图 1-7 所示。

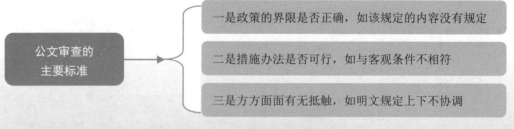

图 1-7 公文审查的主要标准

实现了公文的科学性，才能保证政策和要求的合法性、合理性，从而彰显其权威，也就能推动受文者自觉地按公文要求行动。强制与自觉的统一结合，能够更有效

地达到公文的目的。

2. 速成与制作统一律

公文的写作往往是为了解决某一问题,且有一定的时间范围,因此要求公文发布及时、准时,即公文必须速成、速交,以达到公文的实用目的。但与此同时,公文是按照一定的模式制作而成的,这是实现公文速成的基本途径,因此速成与制作的统一成了公文写作的又一规律。有关公文的制作与速成,具体如下。

1) 公文的制作

公文的制作具体指的是公文在写作中按照一定的规范行文,不同的文种按其模式写作,而且运用其符合规定的语言。如章程的写作,按"总则——分则——附则"的模式进行拟写,且其语言运用准确、凝练、庄重。

2) 公文的速成

公文写作初学者,需要通过不断的实践练习,练就速成的"本领",具体可按照如图 1-8 所示的几个步骤来实现。

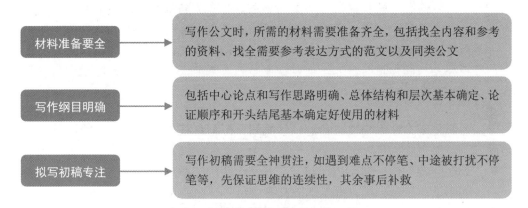

图 1-8　公文写作速成的几种方法

在具体的写作中,初学者可以按照填词法、仿写法和听写法 3 种方法来练习具体的写作技巧,详细内容如下。

- 填词法:依照同类公文模板,取其格式和要素,然后直接填充内容。
- 仿写法:仿照同类文种写作,包含其称呼、选材、开头、结尾和表达方式等都可进行仿写。
- 听写法:由党政机关人员讨论,或首长口授,拟写者记录整理成公文。这要求拟写者有快速吸收信息和理解信息的能力。

3. 发文者与拟写者统一律

公文一般有两个作者:一个是法定发文者,另一个是实际拟写者。因为公文大多是遵照组织的决定或领导的指示来写的，且主要用途为发号施令、指导工作和沟通信息，因此拟写者必须严格地按照组织和领导的决定，即发文者的意图，来思考问题、研究问题和解决问题，用集体思维来拟写公文。

这也就要求公文的两个作者能够协调一致、达成共识，因此需要发文者与拟写者共同弄清以下几个问题并达成共识。

(1) 需要弄清的问题：包含公文写作的时间、机关单位、使用文种、发文范围、保密等级以及缓急程度等基本要点。

(2) 需要达成的共识：即两个作者对问题的认识、内容的认识等是一致的，具体说明如下。

- 对行文宗旨和要点重点等根本性问题的认识是一致的。
- 对中心思想和主要观点等核心性问题的想法是一致的。
- 对工作评价和人事财务等敏感性问题的了解是一致的。

专家提醒

根据公文的权威性与法定性要求，其有关的根本性问题如中心思想、行文宗旨等必须由发文者来决定，而若是发文者对于其内容只有一个大致的了解，具体细节可由两个作者一同讨论、填充内容、明确观点。有关更多公文基础知识的内容，可前往笔者的头条号"体制百晓无聊先生"查看相关文章。

(3) 为避免成文之后与发文者的预想偏离，拟写者在具体写作时，要注意以下几个方面。

- 列明问题，逐一请示：即对发文者交代明确的事项，迅速记录；对不太清晰的事项，分条列项，逐条向发文者请示。
- 要点明确，重点突出：是指对于必须得到两个作者一致同意的事项，拟写者需向发文者询问清楚，具体到处理问题有几种方法、主要方法是什么等细节。
- 不明确事项，请求提供资料：指的是需要参照上级机关发布的指示性文件或了解公文内容涉及的详细情况时，可及时向发文者请求支援，提供参考资料或写作思路等。

第 2 章
公文的基本格式

公文的基本格式是公文区别于其他应用文的主要标志,也是公文的权威性、规范性等特性的表现形式,还是学习公文写作必须掌握的知识。本章将从公文的格式概述、格式构成要素以及格式的要求等方面进行介绍。

2.1　格式概述——追溯起源，探其必要

公文是一种有着特定效能和格式规范的应用文，其在写作格式上有着与其他应用文不同的特点和要求，本节将具体介绍公文格式的基本知识，让大家对公文的格式规范有初步认识。

2.1.1　公文格式的来源——始于殷商，规范至今

认识公文的格式，可追溯至殷商时期，探究其来龙去脉、发展演变等，具体可从时间发展历程上的几个重要节点进行把握，详细说明如下。

（1）殷商时期：是公文最早产生的时期，以甲骨文的形式出现，记载公共事务，如图 2-1 所示。

图 2-1　甲骨文

（2）先秦时期：公文发展为"典、谟、训、诰、誓、命"6 种不同名称的公文文种，其格式也各有不同。

（3）秦朝统一时期：公文有区分不同阶层的特定语体和规范样式。

（4）隋唐时期：公文的名称、用纸、用语、收发和封装等格式与规范都有具体的明文规定。

（5）民国时期：南京临时政府颁布的《公文程式条例》中，对公文的用语、称谓方面进行了革新，如图 2-2 所示。

（6）中华人民共和国成立后，公文的文种类型增多，且国家于 2012 年印发了《党政机关公文处理工作条例》，对公文写作的格式要求、处理工作等作出了明文规定，推进了公文的科学化、规范化，该条例一直沿用至今，如图 2-3 所示。

第一條　稱公文者，謂處理公務之文書；其程式，除法律別有規定外，依本條例之規定辦理。

第二條　公文程式之類別如下：

一、令：公布法律、任免、獎懲官員，總統、軍事機關、部隊發布命令時用之。

二、呈：對總統有所呈請或報告時用之。

三、咨：總統與國民大會、立法院、監察院公文往復時用之。

四、函：各機關間公文往復，或人民與機關間之申請與答復時用之。

五、公告：各機關對公眾有所宣布時用之。

六、其他公文。

前項各款之公文，必要時得以電報、電報交換、電傳文件、傳真或其他電子文件行之。

图 2-2　《公文程式条例》中的部分规定

第九条 公文一般由份号、密级和保密期限、紧急程度、发文机关标志、发文字号、签发人、标题、主送机关、正文、附件说明、发文机关署名、成文日期、印章、附注、附件、抄送机关、印发机关和印发日期、页码等组成。

（一）份号。公文印制份数的顺序号。涉密公文应当标注份号。

（二）密级和保密期限。公文的秘密等级和保密的期限。涉密公文应当根据涉密程度分别标注"绝密""机密""秘密"和保密期限。

（三）紧急程度。公文送达和办理的时限要求。根据紧急程度，紧急公文应当分别标注"特急""加急"，电报应当分别标注"特提""特急""加急""平急"。

（四）发文机关标志。由发文机关全称或者规范化简称加"文件"二字组成，也可以使用发文机关全称或者规范化简称。联合行文时，发文机关标志可以并用联合发文机关名称，也可以单独用主办机关名称。

（五）发文字号。由发文机关代字、年份、发文顺序号组成。联合行文时，使用主办机关的发文字号。

（六）签发人。上行文应当标注签发人姓名。

（七）标题。由发文机关名称、事由和文种组成。

（八）主送机关。公文的主要受理机关，应当使用机关全称、规范化简称或者同类型机关统称。

（九）正文。公文的主体，用来表述公文的内容。

（十）附件说明。公文附件的顺序号和名称。

（十一）发文机关署名。署发文机关全称或者规范化简称。

（十二）成文日期。署会议通过或者发文机关负责人签发的日期。联合行文时，署最后签发机关负责人签发的日期。

（十三）印章。公文中有发文机关署名的，应当加盖发文机关印章，并与署名机关相符。有特定发文机关标志的普发性公文和电报可以不加盖印章。

（十四）附注。公文印发传达范围等需要说明的事项。

（十五）附件。公文正文的说明、补充或者参考资料。

（十六）抄送机关。除主送机关外需要执行或者知晓公文内容的其他机关，应当使用机关全称、规范化简称或者同类型机关统称。

（十七）印发机关和印发日期。公文的送印机关和送印日期。

第十条 公文的版式按照《党政机关公文格式》国家标准执行。

第十一条 公文使用的汉字、数字、外文字符、计量单位和标点符号等，按照有关国家标准和规定执行。民族自治地方的公文，可以并用汉字和当地通用的少数民族文字。

第十二条 公文用纸幅面采用国际标准A4型。特殊形式的公文用纸幅面，根据实际需要确定。

图 2-3　《党政机关公文处理工作条例》中对于公文格式的规定

需要注意的是，《党政机关公文处理工作条例》分为总则、分则和附则，其中需要拟写者重点掌握的是分则部分，它包括公文种类、公文格式、行文规则、公文拟制、公文办理和公文管理等方面的内容。

2.1.2 公文格式的作用——有效行文，便捷工作

公文格式的作用，即公文格式存在的必要性，具体表现在以下几个方面。

（1）体现权威与效力：公文是以法定机关解决公共事务为目的的工具，其主体的权威性、事务的公共性和实用性决定了公文需要行文内容完整、正确和有效，以便受文对象更好地贯彻执行，而公文格式是确保其权威与效力的必要形式。

（2）表现行文关系：公文行文正确的一个重要决定因素即厘清受体与主体的关系，如是上级机关指示给下级机关，还是下级机关呈送给上级机关等，这类关系在行文中容易混淆，而公文的格式要求是对行文主体与受体进行标明，这对厘清这类行文关系有帮助。

（3）方便工作的需要：公文是为办公需要而产生的，按照一定的格式进行拟写，可使得公文处理工作在速度和质量上有所提升，且方便运用技术管理公文。如公文格式中秘密等级的说明，表明了公文内容的重要程度；其发文字号的标注为公文的归档、查找等工作提供了依据。

2.2 格式构成——版头、主体和版记

一篇完整的公文，在格式上主要由版头、主体和版记3个要素构成，这是国家明文规定的公文格式要求。本节就公文格式的各个要素进行具体说明。

2.2.1 版头——公文之"头"，六个要素

版头，相当于公文的"头部"，位于公文首页上方的1/3位置，包含份数序号、保密设置、紧急程度、发文机关标志、发文字号和签发人等组成要素。版头的样式如图2-4所示。

图2-4 公文格式中版头的样式

在版头的下方,有一条红色横线将版头与主体分开。关于版头的各个组成要素,主要包括如下内容。

1. 份数序号

份数序号指的是公文总印刷份数中某份的顺序编号,其被用在有秘密等级的公文中,一般公文不作要求。标识时,一般用6位3号阿拉伯数字标识在版心(纸张可书写的部分)左上角的第1行,如000002。

份数序号的标注具有两个作用:一是便于有密级公文的查对和清退;二是便于控制普发性下行文的分发。

2. 保密设置

保密设置,即公文内容的重要程度显示,一般会注明秘密等级,如特密、机密、秘密等,以及保密期限×年或×月,其具体的书写格式说明如下。

(1) 书写位置:在版心右上角第1行顶格书写。

(2) 书写方法:用3号黑体字,秘密等级与保密期限之间用"★"隔开,如机密★×月;单独标注秘密等级时,标注为"机—密",其中"—"表示空1个字。

3. 紧急程度

紧急程度即公文传达的时间长短,或待执行的快慢程度,可分为"特急""加急""平急"3种类型。紧急程度按需要用3号黑体字标注在版心右上角的第2行、保密设置的下方如"特—急,其中"—"表示空1个字。

4. 发文机关标志

发文机关标志,即注明发文机关,一般而言,该部分包含发文机关名称、事由和文种,其发文机关名称必须标注,具体有以下几种标注形式。

(1) 使用发文机关全称加"文件"二字,如"××省人民政府文件"。

(2) 使用发文机关规范化的简称加"文件"二字,如"国家发改委文件"。

(3) 联合行文时,一般按主办机关名称、协办机关名称、"文件"二字的顺序,以联署发文机关名称为基准上下居中排列。

专家提醒

发文机关标志居中标注,使用字体为小标宋体,字体颜色为红色。

5. 发文字号

发文字号是发文机关按年度为公文编排的序号,包括发文机关代字、年份、发文序号,一般用3号仿宋体编排在发文机关标志下方空2行位置。有关发文字号的书写需注意的事项如图 2-5 所示。

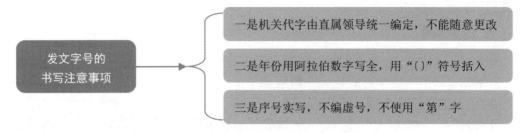

图 2-5　发文字号的书写注意事项

6．签发人

签发人即公文的发出负责人，一般为发文单位的领导，其需用 3 号仿宋字体注明"签发人"字样和用 3 号楷体注明签发人姓名，中间用全角冒号隔开。有关签发人的具体书写位置分情况而定，详细说明如下。

（1）单个签发人时，"签发人"字样和签发人姓名标注在发文机关标志下空 2 行居右空 1 字处。

（2）在上行文中，与发文字号平行排列在发文机关标志下空 2 行处，其中发文字号居左空 1 字，签发人居右空 1 字编排。

（3）联合行文时，每行排列两个签发人姓名，回行时与上一行的第一个签发人姓名平行。

2.2.2　主体——公文之"体"，七个部分

主体部分，相当于公文的"身体"，是公文的主要部分。主体部分与版头部分用一条红色横线隔开，以示区分，其位于版头与分隔线之下。关于主体部分的组成要素具体说明如下。

1．公文标题

一个完整的公文标题主要由"发文机关+事由+文种"构成，有时会根据公文内容的需要或文种的需求省略发文机关，如图 2-6 所示。

公文标题采用 2 号小标宋体字书写，标识在红色横线下空 2 行位置，可分为一行或多行居中编排。其中联合行文时，多个机关单位名称用空格隔开，排列整齐、分布均匀，若超过 4 个机关单位，则在主办机关单位名称后加"等"字表述。

2．主送机关

主送机关即公文的主要受文机关，一般根据公文内容的需要来注明，有些公文无须注明主送机关。主送机关采用 3 号仿宋体标识在公文标题之下空 1 行的居左顶格位置。

××××代表大会关于××××报告的决议

（××××年××月××日通过）

××××代表大会批准×××同志代表××××所做的报告。大会对××××的工作表示满意。

大会赞成报告……

大会同意报告提出的……

大会同意报告对……

大会指出，适应加快×××的新形势，必须……

大会号召……

图 2-6　公文标题示例

当公文发布需要面向多个主送机关时，其主送机关间用作分隔的排列符号需要稍加注意，具体说明如图 2-7 所示。

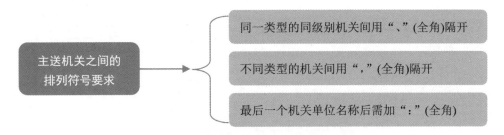

图 2-7　主送机关之间的排列符号要求

3. 正文内容

正文，即公文的主要内容，是公文的核心部分，也是公文首页必不可少的部分。其采用 3 号仿宋体，在主送机关的下一行开始分段书写，且每个自然段前空 2 个字，除数字、年份外，回行顶格。

正文的写作结构一般按照“开头——主体——结尾”3 个部分进行布局，其结构层次的序号按层级依次为“一、”“(一)”“1.”“(1)”，如图 2-8 所示。

4. 附件说明

附件说明是对带附件的公文进行索引说明。其附件材料是对公文正文内容起补充作用的文字、图表、名单等，多附着于公文正文之后。

附件说明包含公文附件的序号和名称，其采用 3 号仿宋体，标注在正文后空 1 行居左空 2 字的位置，写明“附件”字样加全角冒号和附件名称，如“附件：1.……”，如图 2-9 所示。

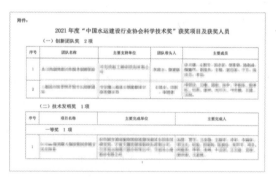

XX【2020】' XXX 号

XXXXXXXX（总经验）

——××××（单位）关于××××工作的经验总结

××××年以来，我们开展了××××工作（总述，依据 1），取得了显著成绩（总评，依据 2），现将主要经验总结如下（意图主旨兼过渡语转以下分旨）|：

一、××××（分经验 1）

……（思想、做法、效果）

二、××××（分经验 2）

……（思想、做法、效果）

三、××××（分经验 3）

……（思想、做法、效果）

xxx（单位印章）

××年××月××日

图 2-8　正文的写作结构示例

中国水运建设行业协会

中水协字[2022] 4 号

关于表彰 2021 年度中国水运建设行业协会科学技术奖的决定

各有关单位：

2021 年度“中国水运建设行业协会科学技术奖”已按照规定程序完成评审和公示，并经协会四届九次常务理事通讯会审议通过。现将荣获 2021 年中国水运建设行业协会科学技术奖的 2 项创新团队奖、1 项技术发明奖、13 项标准化奖和 66 项科技进步奖予以公布、表彰。

协会将对获奖单位和获奖人员颁发获奖证书，并建议获奖单位给予获奖人员一定的精神和物质奖励。

附件：2021 年度“中国水运建设行业协会科学技术奖”获奖项目及获奖人员。

中国水运建设行业协会

2022 年 1 月 10 日

附件：

2021 年度“中国水运建设行业协会科学技术奖”获奖项目及获奖人员

（一）创新团队奖　2 项

序号	团队名称	主要支持单位	团队带头人	主要成员
1	[illegible]	[illegible]	[illegible]	[illegible]
2	[illegible]	[illegible]	[illegible]	[illegible]

（二）技术发明奖　1 项

序号	项目名称	主要完成单位	主要完成人
	一等奖　1 项		
1	[illegible]	[illegible]	[illegible]

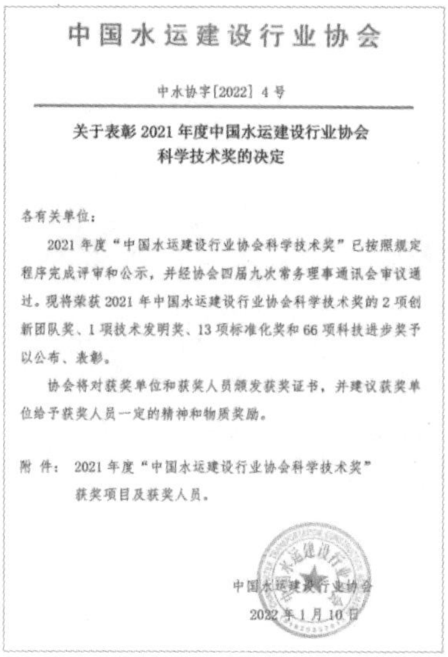

图 2-9　附件的写作结构示例

附件说明的格式要求还需注意如图 2-10 所示的几点。

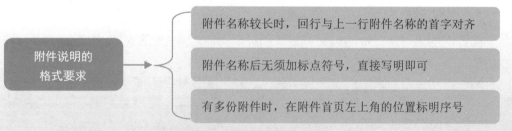

图 2-10　附件说明的格式要求

5. 公文落款

公文的落款包括公文的署名、日期和印章 3 个要素。其中,署名为发文机关名称;日期为公文的发布日期,即成文日期;而印章则为发文单位的标识,如图 2-11 所示。

```
附件:1.×××(印发、批转、转发的文件名称不作附件说明)
     2.××××××××××××××××××
       ×××××××


                        (盖章)
                   中华人民共和国××部
                   20××年×月×日

(附注:联系人××)
```

图 2-11 公文的落款示例

有关公文落款的格式要求具体说明如下。

(1) 公文的署名采用 3 号仿宋体书写在正文或附件说明后空 1 行居右的位置。当联合发文时,两个及两个以上的发文机关单位名称上下编排,长短相同。

(2) 公文的日期以发文领导人签发的日期为准,用阿拉伯数字书写,具体为"×年×月×日",位于署名之下居右空 4 字的位置。有些公文如决议、公报、纪要等的日期位于标题之下,用括号括入。

(3) 加盖印章分为加盖法定机关单位的公章和签发人签名章两种情况。在这两种情况下,单一机关行文和联合机关行文分别有不同的落款格式要求,具体如下。

- 单一机关行文:在加盖单位公章的情况下,其印章以成文日期为准,下压在署名和日期居中偏上的位置,印章顶部距离正文或附件说明 1 行之内,如图 2-12 所示。在加盖个人签名章的情况下,其个人签名章以签发人职务为准,下压在正文或附件说明后空 2 行居右空 4 字的位置,其个人签名章下端距离成文日期空 1 行居左。
- 联合机关行文:在加盖单位公章的情况下,各个发文机关的署名和印章按主办机关在前、其余机关在后的顺序依次平行排列在相应位置,印章与署名一一对应,互不干扰,且首排印章距离正文或附件说明后 1 行之内,每排印章的两端都不超出版心,然后将成文日期标注于最后一个印章居中偏下位置。

专家提醒

在加盖个人签名章的情况下,各个签名章按主办机关签发人在前、其余机关签发人在后的顺序上下排列,每行只排列一个签名章与签发人职务,且各署名和签名章一一对应。

图2-12 单一机关行文的落款格式示例

6. 附注

附注是对公文的发送、阅读和传达范围等事项的说明,用3号仿宋字体书写,位于成文日期的下一行,居左空2字,一般用圆括号括入。

7. 附件

附件即附件说明的内容材料,采用3号黑体字标注"附件"字样和顺序号在正文的另一面的首页左上角第1行的位置,并顶格书写。

附件标题则在附件下空2行的位置居中书写,附件内容与正文内容格式相同且和正文一起装订,若附件和正文不能一起装订,则须在附件左上角第1行顶格标注发文字号,其后再标注"附件"字样和顺序号。

2.2.3 版记——公文之"尾",三个元素

版记是公文的"脚部",位于两条分隔线之间,居上的分隔线用作隔开主体与版记,居下的分隔线用作分隔版记与公文末页。版记有抄送机关、印发机关和印发日期3个要素,下面将对版记的各个要素进行介绍。

1. 抄送机关

抄送机关是就公文内容而言,除了主送机关需要知晓外的其他机关单位,一般用4号仿宋字体书写在印发机关和印发日期的上一行居左空1字位置,"抄送"字样后加全角冒号和抄送机关单位名称,如图2-13所示。

抄送机关有两种特殊情况需要注意,具体说明如下。

图 2-13 抄送机关的格式示例

(1) 有多个抄送机关需要编排时，各个机关单位名称间用"，"(全角)隔开，最后用"。"(全角)收尾。

(2) 当主送机关也被编排到版记时，主送机关的格式和抄送机关的一样，位于抄送机关之上，两者间不加分隔线。

2. 印发机关

印发机关，即印发公文的机关，一般用 4 号仿宋体书写在抄送机关之下、末条横线之上居左空 1 字位置，印发单位名称要用全称或规范化简称。

3. 印发日期

印发日期，即公文的付印日期，一般用阿拉伯数字书写在印发单位名称同一行、居右空 1 个字位置，注意写全年月日，后加"印发"字样，如图 2-14 所示。

图 2-14 印发日期的格式示例

2.3　一般格式——整体布局，普遍要求

公文的一般格式是指常见的、一般性的公文所需的整体要素的格式，包括公文的用纸要求、印装要求、字体与字号、行数与字数以及页码要求等，具体如表 2-1 所示。

表 2-1　公文的一般格式要求

主要部分	格式要求
公文用纸	(1)用纸规格为 GB/T 148 规定的 A4 纸，尺寸为 210 mm×297 mm； (2)用纸上边距推荐为 37 mm，左边距推荐为 28 mm，版心尺寸为 156 mm×255 mm。(据《条例》规定)
公文印装	(1)文字方向为从左至右，横排，少数民族从其规定； (2)公文打印时，双面打印，左侧装订
文字格式	一般情况下，公文的文字符号采用 3 号仿宋体，字体颜色为黑色，特定情况下按需调整
行数要求	一般情况下，公文的内容排版按照 28 字为一行，每页排 22 行
页码要求	(1)页码用 4 号宋体阿拉伯数字标注在版心下边缘的下一行处； (2)表示页码的数字左右各有一条一字线，一字线位于版心下边缘之上 7 mm 的位置； (3)奇数页码居右空 1 个字，偶数页码居左空 1 个字； (4)页码标注至正文内容结束的那一面，空白页和版记部分均不标注页码，若附件与正文一起装订，则连续性编排页码

专家提醒

关于公文文字的使用，在少数民族自治的地方，可以采取汉字和少数民族文字并用的方式；少数民族的文字方向按其使用习惯编排。

2.4　特定格式——特殊文种，不同要求

公文的特定格式，即特殊情况下使用的文种格式，具体为信函类公文、命令和纪要的格式。不同的文种，其格式要求也不同，具体如表 2-2 所示。

表 2-2 公文的特定格式要求

文种类型	格式要求
信函	(1)发文机关名称用红色小标宋体居中书写在上页边缘之下 30 mm 处； (2)发文机关名称下印有两条 170 mm 长的红色双线：上条红色双线为上粗下细，位于发文机关标志下 4 mm 处；下条红色双线为上细下粗，位于下页边缘之上 20 mm 处，两条红线均居中编排； (3)份数序号、保密设置和紧急程度自上而下分行排列于第一条红线下，居左顶格书写； (4)发文字号居右顶格书写在第一条红线下； (5)标题居中编排于上一个要素之下空 2 行位置； (6)版记只有抄送机关一个要素，且不加分隔线； (7)首页无须标注页码
命令	(1)发文机关标志用红色小标宋体居中书写在上页边缘之下 20 mm 处； (2)令号位于发文机关标志下空 2 行居中位置，令号下空 2 行开始书写正文； (3)签发人职务、签名章和成文日期的格式按照前面的叙述
纪要	(1)发文标志用红色小标宋体书写在上页边缘之下 35 mm 处； (2)出席人员名单标注在正文或附件说明之下空一行左空 2 字处，"出席"字样用 3 号黑体字，后加冒号，用 3 号仿宋体书写出席人单位和姓名，回行与冒号对齐

2.5 格式范文——举例函、命令和纪要

通过上一节的学习，我们知道公文由于内容性质的不同会划分为不同的文种类型，而前面所说的公文格式是普遍性的格式要求，具体的格式会因文种的不同而呈现出不同的形式。本节便以公文中的函、命令和纪要这 3 个文种为例，为大家详细介绍公文的格式要求。

2.5.1 函的范文——商洽事宜函

函是一种商洽性公文，主要用作商洽事项、工作交流和答复问题等，其格式要素相对于其他公文而言较少，且要求相对宽泛、灵活。下面以《中国科学院×××研究所关于建立全面合作关系的函》为例，为大家介绍商洽事宜函的写作格式，如表 2-3 所示。

表 2-3　商洽事宜函的写作格式

标题	中国科学院×××研究所关于建立全面合作关系的函
主送机关	××大学：
正文	近年来，我所与你校双方在一些科学研究项目上互相支持，取得了一定的成绩，建立了良好的协作基础。为了研发更多的科技成果，建议我们双方今后能进一步在学术思想、科学研究、人员培训、仪器设备等方面建立全面的交流协作关系，特提出如下意见： 　　一、定期举行所、校之间学术讨论与学术交流…… 　　二、根据所、校各自的科研方向和特点，对双方共同感兴趣的课题进行协作…… 　　三、根据所、校各自人员配备情况，校方在可能的条件下对所方研究生、科研人员的培训予以帮助…… 　　四、双方科研教学所需的高、精、尖仪器设备，在可能的条件下，予以对方使用…… 　　五、加强图书资料和学术报告的交流…… 　　以上各项，如蒙同意，建议互派科研主管人员就有关内容进一步磋商，达成协议，以利工作。特此函达，务希研究见复。
落款	中国科学院××研究所(盖章) ××××年×月×日

【分析】这是一篇商洽事宜的函，它主要是为研究所与某大学进一步建立全面合作关系的函。这篇函为平级机关单位之间的事项交流，格式相对宽泛，省略了版头与版记两个部分，主要呈现函的主体部分，涵盖标题、主送机关、正文和落款等关键要素，标题居中，主送机关单位名称居左。正文内容紧接其后，分段书写且层次清晰，最后的落款也注明了发文机关单位名称以及成文日期，并加盖了印章。全文格式规范，符合函这一文种的行文规范。

2.5.2　命令的范文——嘉奖令

　　命令是指挥性公文的一种，主要用作上级机关向下级机关发出指令，并要求下级机关依法贯彻执行。

　　命令具有不同的类型，其中嘉奖令是用来表彰取得重大功绩的先进个人或集体的命令，应用比较广泛。下面以《中央军委关于国庆×周年阅兵嘉奖令》为例，为大家介绍嘉奖令的写作格式，如表 2-4 所示。

表2-4 嘉奖令的写作格式

标题	中央军委关于国庆×周年阅兵嘉奖令
发文字号	国字〔20××〕第××号
正文	接受阅兵的部队和战士们： 　　××××年10月1号上午，国庆××周年阅兵，正式在天安门广场拉开序幕。这是我军在建国以来第×次在天安门广场进行大型阅兵。 　　人民解放军、武装警察部队和民兵预备役部队组成的受阅方阵展现了我军建设信息化军队，打赢信息化战争的决心和捍卫我国领土安全与发展利益，维护世界和平的决心；陆军学员方队、水兵方队、空降兵方队、第二炮兵学院方队、三军女兵方队等×个方队，是改革开放后成长的新一代官兵，显示了我国国防和军队建设的勃勃生机；受阅的×型××多台装备，全部来自我国自主研发，展现出我国已基本形成的以新型主战装备为骨干，电子信息装备和保障装备相协调，具有中国特色的现代化武器装备体系；海陆空三军航空兵的梯队展示，更展现了我国××××年阅兵的气势磅礴。 　　鉴于上述事迹，经中央军委研究决定对参加国庆阅兵的部队、团体和个人予以表彰。希望受到表彰的部队、团体和个人谦虚谨慎，戒骄戒躁，继续发扬国庆××周年阅兵的精神。
落款	中央军委，中央军委主席：××× ××××年×月×日

【分析】这是一篇由中央军委发出的嘉奖部队、团体和战士的命令。该命令主体部分由标题、发文字号、正文和落款4部分构成，其中标题居中排列，并标明了令号；发文字号作为发文机关标志之一，位于标题之下极其醒目；正文部分分段说明要点，思路清晰；落款部分标明了发文机关单位、机关领导人姓名以及成文日期。全文关键要素齐全，其文字和符号都符合命令的行文格式要求，具有规范性。

2.5.3　纪要的范文——办公会议纪要

纪要是典型的记录性公文，主要用作记录会议情况，在各种会议应用中发挥着重要作用。常见的纪要是办公会议纪要，主要用作记录各企事业单位、党政机关等对本单位、本部门工作进行研究、讨论的过程与成果。下面以《××政府第×次常务会议纪要》为例，为大家介绍办公会议纪要的写作格式，如表2-5所示。

表 2-5 办公会议纪要的写作格式

标题	××政府第×次常务会议纪要
发文字号	〔20××〕××号
导言	××市人民政府于××××年××月××日举行××届市政府第×次常务会。 出席会议的有：×× ××主持会议。
正文	现将会议讨论和决定的有关事项纪要如下： 一、研究《关于深化"××"改革的实施意见》(送审稿)和《关于进一步鼓励集成电路产业加快发展的专项政策》(送审稿)有关问题 会议指出…… 二、听取××区、××区传统产业改造提升试点方案情景汇报 会议听取了……，并进行了认真讨论。 …… 七、研究市政府月度重点工作(略)
结尾	请假：××、×× 列席：××、××

【分析】这是一篇办公会议纪要，主要截取主体部分进行详细说明。这篇纪要的主体部分包含了标题、发文字号、导言、正文和结尾几个要素，其中标题以"……纪要"的形式注明，点出了主题；发文字号采用"〔〕"括入年份进行标注，符合规范；在正文之前先用导言介绍了会议的整体情况，表明其重要性；正文内容紧跟其后，以"会议……"的句式分层次地记录了会议情况；在结尾处也注明了"请假""列席"字样和具体人员的姓名，冒号与顿号的使用格式正确。综上所述，这篇纪要行文要点清晰，且格式规范。

第 3 章
公文的写作技巧

　　公文的写作技巧是帮助拟写者顺利写作公文以及写好公文的技术指导。本章将从公文写作的一般流程、具体操作、技巧点拨和语言运用方面，为大家详细介绍其写作技巧，希望能帮助大家在写作公文中一气呵成。

3.1 写作流程——谋篇布局，依序进行

在进行公文写作之前，需要明确写作公文并非是"一股脑"地将内容直陈于书的，它需要按照一定的写作步骤或流程来进行，以便更好地达到公文写作目的。公文的写作流程包括明确主题、收集资料、拟写提纲、初步成文、修改润色等，本节将对此进行详细介绍。

3.1.1 明确主题——初步定位，内容形式

公文，是为了办理公务而存在的，是实际工作需要的产物。因此，在写作公文之前，首先应该明白为什么要写公文，以及所写公文的中心内容是什么，即公文写作的主题与目的，它包括 4 个方面的内容，具体如图 3-1 所示。

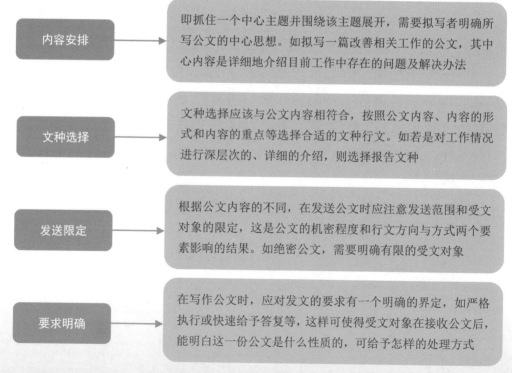

图 3-1　明确公文主题的 4 个方面

明确主题是拟写公文的前期必要准备工作，依照以上 4 个方面进行准备，可帮助拟写者在拟写公文时做到心中有"数"。

3.1.2 收集资料——积攒养分,构成内容

公文的内容并不是"无源之水""无本之木",当然也不是胡编乱造的文字组合,它是建立在一定的写作背景和现实情况基础之上的,这也是用公文处理实际问题的理论依据。

因此,在明确了公文主旨的情况下,拟写者就应该收集与主旨相关的材料,并将其作为公文主旨的佐证。当然,并不是所有种类的公文都需要收集资料,还应该根据具体情况而定。

若要拟写的内容是一份简短的通知,就不需要进行专门的资料收集了。但当通知的内容需要考虑外在因素时,则应该对一些具体事项和外在因素进行了解,如通知内容与天气有很大关系时,就应该对未来的天气情况进行了解。

资料的收集对公文的写作具有 3 个作用,具体如图 3-2 所示。

图 3-2 收集资料的作用

收集资料是构成公文"血与肉"的养分,因此在写作公文时应进行这一步骤,这样公文的内容才更充实。

3.1.3 拟写提纲——提炼要点,构造框架

提纲,即文章、讲话的内容要点,而拟写提纲,就是根据所要拟写的公文要点把框架构造出来。这就如同一本书的撰写,在选题确定的基础上,首先应该做好目录,以便对全书内容作出安排。而公文的提纲就是"目录"的一个缩影,是一个"小"目录。

在对公文内容涉及的材料进行了收集并有了一个系统、全面的认识之后,要想使从资料中提炼出来的要点在公文中有一个全面的体现,就必须拟写提纲,这也是避免要点遗漏的最好方法。

尽管提纲是草拟出的公文要点,但它也有详略之分。在提纲详略的安排上,主要可从公文的具体情况、个人习惯以及个人写作的熟练程度 3 个方面考虑,具体说明如下。

（1）结合公文的具体情况。如拟写章程内容，则依据"总则——分则——附则"的架构直接拟写提纲，其分则部分要点详细，其余部分要点简略。

（2）依照个人习惯。指的是按照个人的写作习惯，一般而言，开头和结尾部分的提纲可以简写，主体部分则需要详细列明要点。

（3）按照个人写作的熟练程度。有些拟写者对于部分内容可能比较熟练，那么在拟写提纲时，这部分可以省略不写，而详细说明不太熟悉的部分。

从实质上来说，提纲的拟写是公文的构思过程，一些系统性的公文需要集思广益。因此，在拟写提纲时，应该召集相关人员进行讨论研究，以便确定公文的基本观点，并在听取大家意见的情况下逐步完善，从而拟写出更全面、更精确的公文提纲。

对于一些需要多人分工合写的公文，提纲的拟写需要所有参与者共同研究，否则容易出现内容存在逻辑结构上的缺陷的情况，因此在写作过程中需要规避如图3-3所示的几个方面的问题。

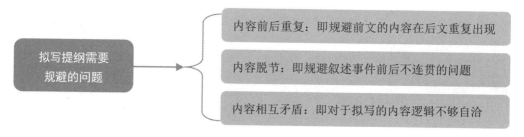

图3-3 拟写提纲需要规避的问题

拟写提纲是人脑的思路书面化的表现，可帮助拟写者厘清公文的写作思路、明确思考方向等，是写作公文必不可少的环节。

3.1.4 初步成文——按照框架，汇总成篇

一篇文章的框架确定之后，就应该把通过收集材料得到的信息按照拟写的提纲编撰成文。此时，公文的拟写要注意如图3-4所示的两个方面的要点，才能顺利地写好一篇公文。

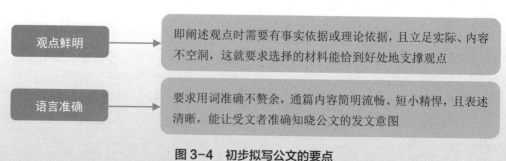

图3-4 初步拟写公文的要点

初步拟写公文，如同公文"发芽成长"的过程，是写作优秀公文的必经之路。在这一环节，拟写者可通过不断的练习，来提高自己的公文写作水平。

3.1.5 修改润色——审查修改，优化定稿

一篇文章想要写好，并保障其正确性，是需要拟写者反复修改的。公文也是如此，且其在很多方面有着更严格的要求，因此公文的修改完善工作是公文拟写过程中的重中之重，不容忽视。具体来说，公文的修改和完善应从以下 4 个方面着手。

1. 观点更准确

公文的主旨思想是文章的核心，只有在观点准确的情况下，才能从根本上保证公文的质量，从而奠定公文顺利成文的基础。从这一方面来说，公文的观点修改和完善主要应该考虑 3 个问题，如图 3-5 所示。

图 3-5 观点修改需注意的问题

2. 布局更合理

在布局上，公文的修改与完善主要应该考虑的问题就是其篇章布局是否主次分明、详略得当。只有确保文章布局的合理性和科学性，才能让读者更准确也更容易理解公文的内容和观点。

3. 语言更恰当

在语言方面，公文的语言要恰当，即要求拟写者在修改和完善的过程中仔细斟酌，力求用最恰当的语言准确表达。针对这一要求，公文的修改和完善要坚持 3 个原则，具体说明如下。

（1）在语言风格上：不饰雕琢，切忌花言巧语和赶时髦。
（2）在概念的表述上：准确无误，禁止出现歧义、用语重复。
（3）在特定规定上：时间、地区、人名等，要按照规定、规范使用。

4. 材料更精当

作为服务于观点的材料，必须符合观点的要求，因此公文材料的使用必须围绕观

点进行推敲和增减,具体要求如图 3-6 所示。

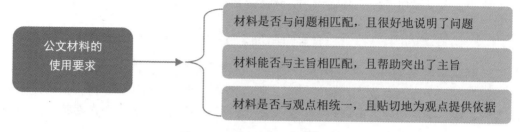

图 3-6　公文材料的使用要求

基于上述 3 个要求,公文材料的增减也是要基于一定的原则进行的,具体如下。
(1) 切忌随意凑合,要仔细考虑。
(2) 该补充的地方一定要及时补充。
(3) 没有十足把握的材料必须删除。

在写作公文时,修改润色好比是为公文"修剪枝丫",做好这项工作对于优秀公文的形成具有极大的帮助。

3.2　具体操作——结构要素,遵循方法

公文写作的具体操作指的是在写作公文内容时,按照开头、主体和结尾 3 个部分进行谋篇布局,掌握公文写作的具体操作,即掌握这 3 个部分的写作方法。本节将对这些写作方法进行具体介绍。

3.2.1　写作开头——点明主旨,总领全文

开头即文章之首,可以起到总领全文、引出下文、交代文章主旨以及陈述文章缘由等不同的作用。基于开头不同的作用,写作开头可以有不同的方法,下面将详细介绍这些写作方法。

1. 陈述原因法

陈述原因法,顾名思义即陈述为什么写这篇公文,一般适用于命令、通知、通告等传达、告知性的公文文种。

这类方法一般采用"因为……""故颁布……"等句式写作,在开头部分直接陈述发布此公文的原因,以说明此公文发布的必然性,让受文对象更明确公文的内容,并按照公文内容贯彻执行。

2. 阐明意义法

阐明意义法,即说明公文内容的意义,以传达其重要性,让受文对象明白,一般适用于计划、决定、意见、规定等具有指导性作用的公文文种。

这类方法一般采用"为了……""为达到……的目标"等句式写作开头,如《关于××体制改革的决定》中的开头为:"随着××经济的发展、技术的进步……关系到现代化建设的全局,为此特作出以下决定。"

3. 概述情况法

概述情况法即对现在的工作进展情况或现存的社会状况等进行概括性的陈述,主要包括工作情况的概述和事件背景的概述两种情况,具体说明如下。

(1) 工作情况的概述:对目前工作进行到什么程度或项目处于一个什么状态,用概括性的语言在开头表述出来,适用于工作汇报、报告、简报等汇报性的公文文种。

(2) 事件背景的概述:对事件或现象目前发展的形式、背景进行分析或介绍,一定程度上也是为了说明公文的缘由,多适用于调查报告、请示等结合实际的公文。

这类方法常用"关于……""现阶段存在……"等句式进行拟写,如工作情况的汇报开头为:"××××年来,经过……的努力,我们的生活质量得到了改善,出现了……的新局面,具体体现在如下几个方面。"

4. 转述依据法

转述依据法,即直接引述上级领导有关指示精神的讲话,或以国家政策方针、法律法规的内容作为开头,并将其作为公文的理论依据和目标总领。

这类方法常用"党的××会议指出……""××在××会议上关于××的讲话……"等句式开头,如《关于实施××的办法》中的开头为:"党的××会议上指出……依据此纲领,并结合本地情况,特提出以下几点措施。"

5. 表示态度法

表明态度开头写作法,通常用作受文对象回复公文。如批复,在开头直接表明同意或不同意;再如感谢信,在开头直接表示感激之情等。

这类方法一般采用"首先,对……事件表示祝贺""同意你省关于……的请示"等相关句式,如《××在××祝教师节大会上的讲话》中的开头为:"首先,感谢××邀请我出席这次会议,一起庆祝教师节。我代表××向全国教师们和教育从业者致以崇高的敬意和热烈的祝贺。"

6. 设问解答法

设问解答法,即设置一个问题,引发受文者思考,然后给出简明回答,抑或是将答案留给正文主体部分,作为引出下文的"引子"。

设问解答法适用于情重于理的公文文种写作，格式要求相对宽泛、灵活，如感谢信、欢迎词等，能够突出情感且提高公文的可读性，相关示例如："×年前，我们所站的位置还是穷乡僻壤，如今却是一点也看不出当年的影子了，这当中发生了怎样的变化呢？"

好的开头，如同点燃了公文的"引线"，能够使公文"大放异彩"。

3.2.2 写作主体——内容衔接，有序排布

主体部分是一篇公文的核心，也可以视为公文的"身躯"，主要是对开头部分提出的"引子"进行详细说明，以确保公文内容能够准确无误地传达给受文对象。

对这部分的写作也可按照一定的方式进行，该部分重在将筛选出的公文材料进行谋篇布局，主要可以从段落与层次、过渡与照应两个方面进行架构。

1. 段落与层次

段落与层次，是指将公文材料划分为不同的种类，并将其依次排列。其中，段落主要体现在公文形式的表达上，而层次更多地体现在思路的呈现上，但两者都强调一定的次序，并且都有将公文材料内容"分门别类"的作用，具体说明如下。

1）段落

段落是公文内容中的基本单位。将相同句式组合在一起就形成一个段落，有时一句话为一段，有时多句话为一段。一个段落的构成条件是其内容可归为一类。如描述一个事件，事件有起因、经过、发展、高潮和结局等不同方面，那么段落的作用就是用来呈现这些方面的差异，如为起因设置一个段落，为经过设置一个段落等，依次类推。

2）层次

层次是指公文内容构成的一定次序，其重点在呈现拟写者如何思考以及思考的顺序。层次的安排有以下几种方式。

- 以时间为次序：即按照时间发生的先后顺序进行叙述。如述职报告，在叙述主体内容时，以入职这份工作的时间为开始讲述其工作情况。
- 以逻辑为次序：即按照由浅入深的顺序进行叙述。如调查报告，在叙述时，先陈述调查事件或现象的现实背景以及情况，再陈述分析得出的理论性结论。
- 对比式呈现：选择一个参照物与当前陈述对象进行对比，并通过分析归纳得出结论，以此来陈述内容。如工作结论的叙述，以上一年度的工作结论对比陈述。
- 并列式呈现：指的是将材料内容划分为几个平行的类别，然后以列出要点的形式呈现这些类别，大致采用"一、……""（一）……"等表述方式进行叙述。如《关于××事项的决定》其主体内容为："一、各领导部门设置……

机构；二、各部门人员联合出动……"

2. 过渡与照应

过渡与照应，是指使公文内容的各个段落或各个层次更加连贯、更加衔接的结构方式，通常以语言表达的形式来实现，其具体内容说明如下。

1) 过渡

过渡指的是公文内容的上下段落和层次的前后连贯，起到承上启下的作用，一般用"特提出以下问题""特作出如下决定""现将有关事项说明如下"等句式表达。

2) 照应

照应指的是公文内容的前后脉络一致，相互呼应，如前面提出了设问，后面对设问进行解答等。照应有如图3-7所示的3种方式。

图3-7 写作照应的3种方式

如果说开头部分主要是回答"是什么""为什么"的问题，那么主体部分则主要是回答"怎么做"的问题，合理布局段落和层次，设置过渡与照应，能够有效地使受文对象明晰公文传达的旨意。

3.2.3 写作结尾——深化主题，强化施令

结尾部分位于公文的末端，其作用在于对公文内容的收束，主要传达出内容到此结束的意图。一篇优质的公文在结尾处可以起到深化主题、引人发省、鼓舞人心的作用，因此结尾的写作也不容忽视，可按照一定的方法进行拟写。下面将具体介绍公文结尾的写作方法。

1. 总结概括法

总结概括法，指的是对公文内容的再次概括，如对公文的目的、问题的解决措施等进行总结式概括，以起到重点突出、引起受文者重视的作用。如"以上所说的内容包含……等，请相关部门知悉并贯彻执行"。

2. 展望号召法

展望号召法，指的是上级机关领导对下级机关部门提出希望和号召，确保公文内

容得以落实的方式。其具体有两种用法：一是希望工作任务顺利执行，如"各行政部门一定要高度重视，争取……工作落实到位"；二是号召向先进单位或个人学习，如"望各部门向××学习，加强部门团结，营造良好的工作作风"。

3. 提出建议法

提出建议法，指的是针对公文内容指出的问题，提出合理化建议，主要适用于其内容侧重于指出问题类的公文。如议案，其内容侧重于为什么提案，则在结尾部分可就提出的问题简要地陈述建议。

4. 补充说明法

补充说明法，即对公文主要内容的补充性说明，如规章的生效时间、调查报告的数据图表等。有些公文以这些事项作为结尾，暗示全文结束。

5. 特定用语

特定用语是一种特殊的结尾方式，它是由公文的规范性决定的。有些文种在结尾处需注明特定的文种用语，表示公文的内容性质，具体说明如表3-1所示。

表3-1 公文的结尾特定用语

不同文种	特定用语
请示类	表示征求领导的答复，如"请批复""如无不妥，请批准"等
批复类	表示上级领导予以下级机关的答复，如"特此批复""此复"等
报告类	表示下级机关向上级机关汇报情况，如"特此报告""请审核"等
知照类	表示传达给受文对象的内容，如"特此通知""特此公告"等
商洽类	主要表现为函这一文种，表示希望受文对象给予回复，如"请函复为盼""特此函复"等
章程类	表示规章制度生效的时间，如"本条例自××日起生效"
说明类	决定、通报、会议纪要等类型的公文没有特定用语，一般情况下，视篇幅内容而定，结束语可以省略

3.3 技巧点拨——掌握方法，提高文采

无论哪一种文章，其写作都是以可读性为评判标准的，公文也不例外。而公文作为应用文的一种，虽对拟写者的文采要求不高，但也可通过掌握一些写作技巧来提高公文的可读性。本节就提高公文的可读性进行写作技巧的点拨。

3.3.1 起步定位——三位一体，精准把握

写作公文时，首先要明确公文的定位，具体从公文的 3 个基本要素——拟写者、受文者和公文内容着手。

1. 定位拟写者

拟写者是公文的主要写作者，在拟写公文之前，需要拟写者对自身具有明确的定位，具体包括如图 3-8 所示的几个方面。

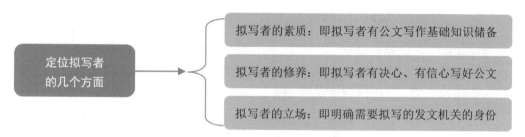

图 3-8　定位拟写者的几个方面

2. 定位受文者

受文者(也称为受文对象)，是公文的读者。为顺利达到公文的目的，写作公文时必须考虑受文者这一要素，明确其关注什么内容、想听什么内容。具体从把握受文者的想法和与受文者互动两个方面来明确。

1) 把握受文者的想法

以述职报告为例，其写作的内容是向领导汇报工作情况，让领导知晓其履职情况并作出评定，其中履职情况便是领导最想知晓的内容。那么在具体写作时，拟写者就应该将述职者的职责、工作执行情况以及主要成就等写清楚。

2) 与受文者互动

以讲话稿为例，其写作的内容是领导在某个会议或某个论坛上就相关内容作出的讲话，要求"说者有意，听者有心"，这样才能更好地让讲话发挥作用。那么，在写作讲话稿时，就应该介绍会议情况和增加与参会人员的互动，如使用"今天在座的各位……"等句式进行互动。

3. 定位公文内容

定位公文内容，指的是在写作之前，需要明确公文需要写什么、为什么而写以及采用什么样的形式来写这 3 个方面的内容，具体可通过掌握几个方法来明确，如图 3-9 所示。

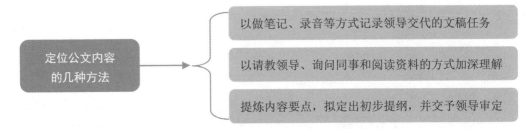

图 3-9 定位公文内容的几种方法

3.3.2 内容承接——筛选材料，衔接内容

内容承接，指的是在公文写作的定位明确之后，需要对收集来的相关资料进行内容的比对与筛选、组合与承接，并按照公文写作的结构连贯成文。内容承接包括筛选材料与衔接内容两个方面，具体说明如图 3-10 所示。

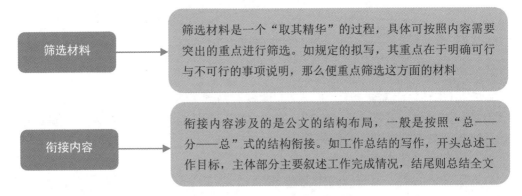

图 3-10 公文内容承接的写作技巧

3.3.3 思维转变——有心写成，决心写好

思维转变，指的是在写作公文时，拟写者需要建构一套思维，由最初的将公文写成的思维，转变为将公文写快的思维，再转变为将公文写好的思维，这是拟写者写作一篇优秀公文的必经的思维转变。

而要想达到公文写作思维的转变，则需要拟写者认真经历这 3 个过程。下面就思维转变的这 3 个过程进行详细介绍。

1. 写成的思维

初学者在写作公文时，可能会被公文的格式化、规范化等严肃性、庄严感给震惊到，在知晓了内容之后也不知应当如何下笔。这时，便需要拟写者给自己建构一个可以写成的思维，即给自己一个写作的信心。

拟写者可以先在脑海里建构一篇完整的公文，具体到公文首页应当有哪些内容，这些内容放置在哪个位置等，然后将脑海中建构的这篇公文书写到纸上，作为初稿，在其基础上不断修改和完善。

2．写快的思维

当拟写者有了一定的公文写作实战经验之后，需要重新建立一套将公文写快的思维，以确保公文的时效性和完成写作的高效性。

为实现这一思维的转变，可掌握如图 3-11 所示的 3 种方法。

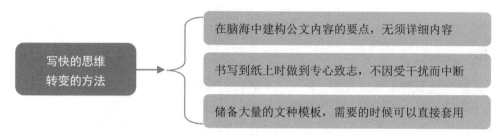

图 3-11　写快的思维转变的方法

3．写好的思维

当拟写者积累了一定的写作经验之后，要及时转变为将公文写好的思维，这样不仅能够写出有可读性的公文，还能写出高质量的、有深度和广度的公文。而要实现这一思维的转变，则需要拟写者加强对自身的要求，做到以下几点。

（1）树立高标准，严于律己，对写作的每一篇公文都竭尽全力地做到高规格。

（2）时刻保持学习，进行广泛的阅读，积攒相关的内容素材，多与优秀的拟写者交流和学习。

（3）积累实践经验，多练习写作，多实战，做到熟能生巧；多到实地考察，以第一手资料增加公文内容的说服力。

3.3.4　合稿复盘——审查文稿，规避问题

写完一篇公文要有及时检查的习惯，主要在内容的主旨上、结构的架构上、语言的表述上以及文章的新意上进行审查，经过优化后成最终稿，并对存在的一些问题进行复盘整理，以便在下一次写作中得以规避。下面将详细说明审查文稿与复盘整理的内容。

1．审查文稿

审查文稿包括内容、结构、语言和创意几个方面，具体说明如图 3-12 所示。

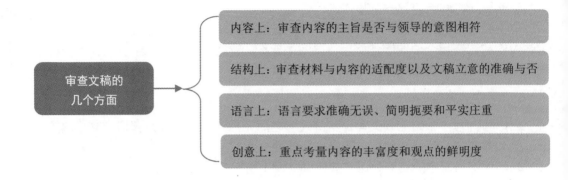

图 3-12　审查文稿的几个方面

2. 复盘整理

复盘整理是对写作公文的一个回顾与展望，重在对已写作的公文进行经验总结，以便更好地开展后续写作。主要复盘以下几个方面的内容。

(1) 对工作情况的复盘：对工作的历史发展、当下状况、存在问题以及应对措施等进行复盘，了解各类工作的情况和疏通各类信息来源的渠道。

(2) 对写作能力的复盘：包括公文写作的构思、起草、初稿、成稿等各个环节，写作方法的运用以及写作时间的分配等，以达到写作公文的高效与优质。

(3) 对领导意图把握的复盘：对于领导发布内容的意图需要时刻加深理解，以便写作的公文能够顺利地达到其目的。

3.4　语言运用——规范词汇，准确表达

公文的规范化与庄重性限定了公文写作的语言，使用简明、概括性强的语言更有助于公文的写作。本节归纳整理出公文写作一些常用语言，以帮助大家更好地写作公文，具体如表 3-2 所示。

表 3-2　公文写作的常用语言

用　途	常用语言
描述成果	描述工作成果可按照具体的工作业务+词句的形式，其词句有"更加……""显著……""取得新突破""呈现新气象"等
陈述问题	对工作存在问题的描述可按照"问题要点+词句"的形式，其词句有"……未及时解决""尚存在……""亟待……""……迫在眉睫"等

续表

用　途	常用语言
说明举措	对解决问题的举措进行说明可按照"词句+具体举措"的形式,其词句有"坚持……""紧扣……""提档升级""统筹发展"等
概括必要性	对公文写作的缘由或内容的必要性进行陈述,可在句中使用特定词语,如"大局需要""迫切需要""必然要求""有效途径"等
表示礼貌	在希望类与请求类公文中,表示礼貌性的语言,有祈请类的"望请""望即""务求""恳请"等,客套类的"愚拙""贵""承蒙"等
表示时间	对于无法用精确数字表示的时间,可使用"不日""日内""即日""兹将""业已"等词语
用作发言	在讲话类文稿中,通常情感表达较多,常用语言有"守护初心""成风化人""水天一色""红瓦绿树"等

　　上述常用语言的归纳是按照公文文种的使用频率进行的,只列举了部分语言,为大家提供用语参考,以便更快捷地写作公文。

专家提醒

　　虽然公文写作的语言相对庄重,且文采要求较低,但在确保公文内容传达准确的基础上,可适当地使用能体现高文化素养的语言,如引用典故、运用文言词汇等,能够帮助公文在新颖度上和创新上更胜一筹。若有需要,可以关注笔者的知乎号"体制百晓无聊先生",查看更多公文语言的运用技巧。

第 4 章

公文写作的问题规避

在写作公文的过程中，容易因为一些知识上的错误，或者公文的表达意图不够明确，从而导致公文的审查工作变得非常繁杂。这些错误主要涵盖内容、语言和格式 3 个方面。本章主要介绍在公文写作中规避这些问题的相关技巧。

4.1 内容偏差——主题含糊，引用错误

常言道"文章以内容为王"，公文也不例外，其内容的传达就是公文的核心。然而，在写作公文内容时，若拟写者稍微不注意，就容易导致内容出现偏差，主要表现在主题不明确和材料引用错误两个方面。本节对这两个方面进行详细说明。

4.1.1 主题不明确——内容情况，认知不足

公文的主题，即公文内容的主旨，是公文传达给受文者的核心内容。主题不明确容易导致公文的整体内容传达错误，从而失去公文原本的效用。那么，什么样的情况下容易造成公文主题内容不明确呢？下面对出现这一问题的原因进行详细探讨，具体如图 4-1 所示。

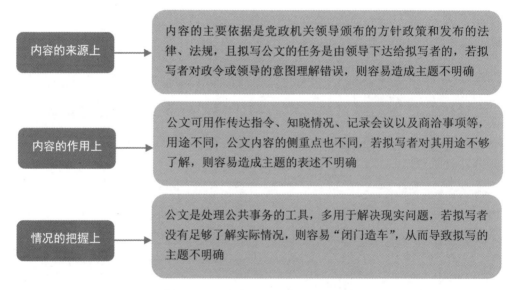

图 4-1 公文主题不明确的原因分析

综上所述，出现主题不明确的错误多在于拟写者的理解错误，因此若要规避这一问题，就需要拟写者在对领导的意图把握、政策法规的深入学习以及工作情况的了解上多下功夫。

4.1.2 材料引用错误——文不对题，本意曲解

材料是构成公文内容的主要"养分"，多引用党政机关颁布的法律法规和领导的

重要讲话。在引用材料时，需要明确公文的内容以及材料与公文内容的匹配度，否则容易出现材料引用错误的情况。一般情况下，引用材料容易出现如图 4-2 所示的 3 种错误。

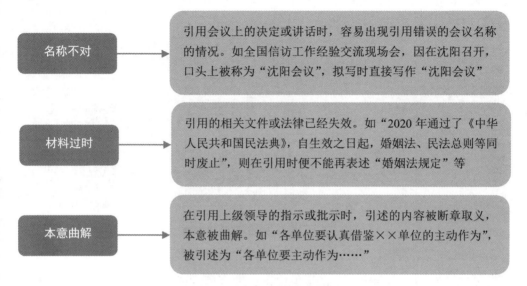

图 4-2　材料引用的 3 种错误

综上所述，出现材料引用错误主要在于材料来源的名称、材料的时效性以及材料表达的含义等方面，若想材料更好地服务于内容，则需要拟写者在筛选和组合材料时注意审查这些方面的问题。

4.2　语言不当——文字符号，使用错误

语言是公文内容的必要表现形式，公文的内容得以顺利传达给受文对象主要得益于语言的运用，且不同的内容需要运用不同的语言进行传达。而由于语言本身的模糊性以及内容的需求不同，写作公文时，经常出现用词不准确、数字不规范或是标点不恰当等语言运用问题，本节将对这些问题进行详细介绍。

4.2.1　用词不准确——词语错用，表述不清

用词不准确，指的是在写作公文时，因为对词语本意不明确，或对公文所要表达的内涵不明确等原因，而造成的词语误用问题。这类问题常常表现为词语的概念、词语的搭配、逻辑的表述和语气口吻等方面的错误。下面对这些错误一一进行介绍，以帮助大家明晰并规避相关问题。

1. 词语的概念错误

公文写作中词语表述的概念性错误，通常体现在专有名称的省略、按照文意遣造新词和无意识的词语使用错误3个方面，具体如图4-3所示。

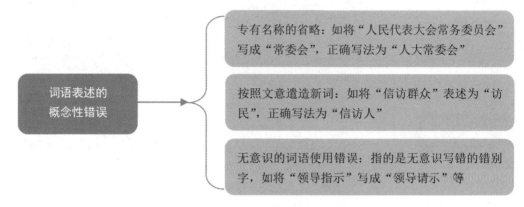

图4-3　词语表述的概念性错误

2. 词语的搭配错误

在公文写作中，容易出现语法上的错误，即词语的搭配错误，表现在语法结构上如主谓、动宾、偏正等搭配上的错误，相关举例如下。

(1) 在主谓结构上，如将"明文规定了……"表述成"明文实现了……"等。

(2) 在动宾结构上，如将"加固……校舍"表述成"加固……校园"等。

(3) 在偏正结构上，如将"密切联系"表述为"加固联系"等。

3. 逻辑的表述错误

逻辑的表述错误，指的是在写作公文的过程中，出现前后逻辑不自恰的问题，存在同一个词语或同一个概念，前文中的表述与后文中的表述不一致的情况。例如，前文中陈述"成立了……机构"，后文中提及该机构时表述为"成立了……协会"；再如，前文中以"各级"为主体写作，后文中则以"各党支部"为主体写作。

4. 语气口吻的错误

语气口吻，与语言表达传达出来的情感色彩有关，其错误容易出现在语言的表述以及书面语和口语的区分两个方面，具体说明如下。

(1) 语言的表述方面：指在公文写作中，拟写者会根据受文对象来决定以何种方式进行语言表述，若对受文对象不明确或对自身的立场不明确，则容易出现这方面错误。如请示性公文，在向领导请示时，使用"请知悉""特此报告"等语言。

(2) 书面语与口语的区分方面：指在公文写作中，因为思维的惯性，容易将口语中常用的表述呈现在书面文件中。常见的是年份的表达，如将 2022 年表述为 22 年；再如"三项重点工作"表述为"三个重点工作"。

综上所述，公文的拟写者在运用语言时，应当注意在词义、语法搭配、逻辑表述以及表达口吻上加以明确，以确保用词准确。

4.2.2　数字不规范——两种形式，含混误用

在公文写作中，数字的表述主要用阿拉伯数字和汉字数字两种形式。通常情况下，数值均用阿拉伯数字，而汉字数字用作表述特定的专有名词，如"十一届三中全会"等。

然而，在具体写作中，拟写者容易在陈述时间、陈述百分数和陈述概数 3 个方面出现写作错误，导致数字使用不规范，具体说明如图 4-4 所示。

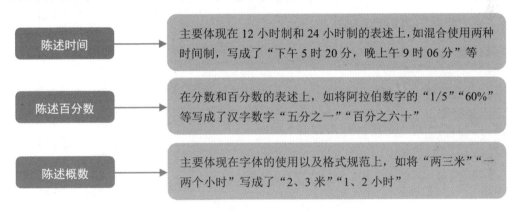

图 4-4　数字不规范的 3 个方面

规范数字的使用，需要拟写者在写作公文时，明确两时间、百分数以及概数等数字的使用格式规范，分清使用阿拉伯数字与汉字数字的范围。

4.2.3　标点不恰当——不识用途，不辨语境

标点符号是语言文字组合成篇章时必不可少的要素，具有帮助公文断句、语气停顿以及连贯词语等作用，在公文的语言表述与格式规范上具有不可替代的作用。在公文的写作过程中，标点符号的用法常常出现以下几种错误。

1．"点号"的层级不明晰

点号，是指用作表达时的停顿与语气，分为句中点号和句末点号两种，具体说明如图 4-5 所示。

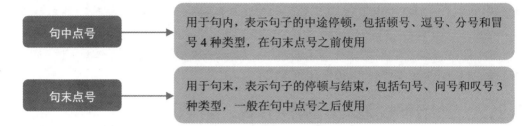

图 4-5　点号的两种类型

依照点号的使用要求，正确的格式应是"句中点号在前，句末点号在后""逗号在前，句号在后"等。但有些公文写作中，常出现点号句号混淆使用的情况，如"先认真学习党的指导精神。再依法贯彻……"，在这句话中，"先""再"两个字体现句子的连贯，表示句中停顿，应使用逗号，而非句号。

2. "标号"的功能不明晰

标号，起标注、标明的作用，表示词语的性质或特征等，包括书名号、双引用、圆括号、中括号等类型。

在公文写作中，书名号的使用常因为其功能的不明晰而出现错误，如"建成《人才信息数据库》"，其数据库不属于书名号的应用范围，若为引用的内容，应该使用双引号。

专家提醒

书名号的使用范围为精神文化产品，如书名、篇名、报纸名、电影名、电视剧名等可用书名号，而非精神文化产品如商品、组织、称号、集会等不能使用书名号。拟写者在写作公文时，需要多了解标点符号的含义、使用范围等知识，以规避其使用错误。

3. 语意语境不明晰

标点符号是服务于语言表达的，其使用需结合相应的语意和语境。在公文的写作中，拟写者往往因为语意的表述或语境的不明确而误用标点符号。

以句号的使用为例，如"根据××在××大会上的讲话，指出了……，明确了……工作。且认真贯彻了……"，这句话中，"且"字是一个关联词，表连贯，暗含一句话未结束，因此在"且"字前应该使用逗号，而非句号。

4. 明文规范不明晰

公文的格式要求是具有明文规范的，在《党政机关公文处理工作条例》中对于一些特定的标点符号的使用有明确规定，主要体现在联合行文时签发领导人的署名的点号、发文字号的标号以及附件说明之后有无标点符号等。

如果拟写者对这些规定不清楚，则容易出现标点符号使用不恰当的情况，如将发文字号的格式写成"中发[2007]5 号"或"中发〔2007〕5 号"，正确的格式应为"中发〔2007〕5 号"。

在规避标点符号使用错误这一问题时，要求拟写者熟悉公文的格式以及标点符号的使用等知识。其中，《标点符号用法(GB/T 15834—2011)》对汉语中标点符号的使用作了明确规定和详细说明，如图 4-6 所示。

图 4-6　《标点符号用法(GB/T 15834—2011)》中对标点符号用法的规定

4.3　格式出错——文种误认，格式滥排

文种是公文不同的文体类型，因公文的内容不同而具有不同的文种表现形式，如请示、报告、通知、意见等，而这些不同的文种形式在具体写作中又有着不同的格式要求。

《党政机关公文处理工作条例》对不同文种的适用范围、格式要求等作了明确规定，具体到不同文种包含的哪些格式要素以及这些要素的格式规范等，要求拟写者在写作公文时严格按照规定来拟写。

专家提醒

在公文写作中，容易出现文种混淆、标题错用、附件编排出错、落款格式出错、份数序号出错等问题，若要规范行文，需要拟写者清楚地认识这些问题，以便更好地规避掉。

4.3.1 文种混淆——认知不清，越级行文

文种混淆是指在写作公文的明确主题阶段，对文种的选择出现错误，或对特定文种的格式要求不够明确，又或者将类似作用的文种混淆使用，抑或是因对公文的主体不明确而出现越级行文的情况等，具体说明如下。

1. 对文种的要求不明确

特定文种的要求，指的是某一文种的格式要求。在具体的公文写作中，容易出现两种情况的错误，具体如图 4-7 所示。

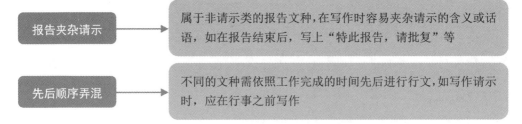

图 4-7 文种要求不明确的两种情况

2. 类似文种混淆使用

因公文内容的不同，对于文种的需求也不尽相同，但因事务的相似性，某些文种在处理公务的作用方面又有相同之处，如请示与函、通告与公告、请示与报告等，在具体的写作中容易被拟写者混淆，具体示例如图 4-8 所示。

3. 出现越级行文的情况

公文的行文关系要求比较严格，必须根据各社会组织的层级隶属关系和职权范围来行文，不得越权。若有特殊情况，必须在抄送机关处注明被越过的单位名称。在公文写作中，常出现不属于特殊情况的越权行文错误，如县人民政府直接向省人民政府行文、市人民政府直接向国务院行文等。

对于文种混淆常常出现的错误大致可分为上述 3 种情况，若拟写者想规避这类问

题，可在后续章节中认真区分并深入把握。

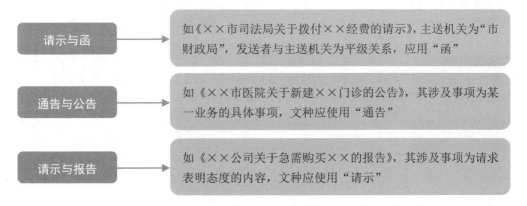

图 4-8　文种混淆使用的举例

4.3.2　标题错用——要素缺失，题义不符

标题在公文中起着点明内容主旨的作用，大部分公文的写作会直接在标题中概括出公文的主要内容，即"事由"。而在具体的写作中，标题容易出现以下 5 种错误。

1. 标题的要素不完整

一个完整的标题具有三个要素，即"发文机关+事由+文种"，一般情况下，3 个要素缺一不可。要素不完整主要表现在随意缺少发文机关、事由表述不清、文种丢失 3 个方面，具体说明如下。

1) 随意缺少发文机关

公文的规范性、庄重性要求公文传达内容须让受文对象明确其发文机关，公布重大事项或重大决策的下行文、没有版头部分的上行文和下行文不能省略发文机关。如标题为《关于加强××的报告》的文件，没有落款也没有版头，则视为标题错误。

2) 事由表述不清

事由是对公文内容的概括性表述，可能出现用词不准确、表述重复冗杂和随意省略事由等错误，具体说明如图 4-9 所示。

3) 文种丢失

文种是公文标题中必不可少的要素，文种的明示有助于公文内容的快速传达，以便贯彻执行。若丢失文种，则容易导致公文的时效性和庄重性缺失，使受文对象不得要领。如《××市人民政府关于召开全市卫生防疫系统工作会议的情况》，其未明确文种，是表达"通知会议的召开"，或是"召开的会议纪要"等情况，不得而知。

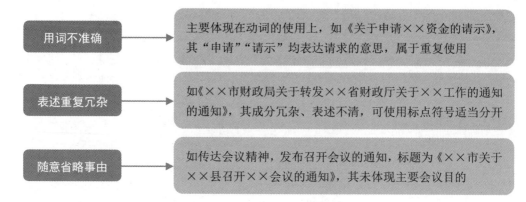

图 4-9　事由表述不清的 3 种情形

2. 隶属关系表述不清晰

在标题中表述上级机关与下级机关的隶属关系时，经常会出现批转类文件与印发类文件上的错误，具体说明如下。

(1) 批转类文件：批转类文件是指上级机关对下级机关的报告表示认可并传达转发贯彻执行的文件。其不适用于下级机关向上级机关汇报的文件，以及上级机关的领导讲话类文件。例如，《××县人民政府关于批转××市长在××大会上讲话的通知》，则出现了批转上级领导讲话的错误。

(2) 印发类文件：印发类文件要求公文制发时，其发文机关与制发机关必须为同一单位。如《××市政府关于印发<××省政府××文件>的通知》，市政府不能印发省政府的文件。

3. 标题提炼内容不精简

标题是对公文内容的核心进行概括，需要简明扼要地说明公文内容。例如，《××(机关单位)关于××招收退休子女就业，保障其收入，促进社会稳定的通知》，事由内容涵盖过多，出现提炼内容不精简的错误，改为《××(机关单位)关于××妥善安排退休子女就业的通知》即可。

4. 标题与内容不相符

公文的标题与内容不相符的错误主要体现在 4 个方面，具体如图 4-10 所示。

5. 标题的格式不规范

标题的格式不规范主要体现在标题字数过多时的排版和字体字号的使用上，具体说明如下。

(1) 当公文标题的字数过多，一行排不下时，则需要回行，其格式要求回行必须保持词意完整。错误排版如图 4-11 所示，这个标题中"经济发展环境"为"整治和改善"的宾语，因此回行时不应将词意拆断，正确格式为将"整治和改善经济发展环境的"放在同一行，"实施意见"字样回行，如图 4-12 所示。

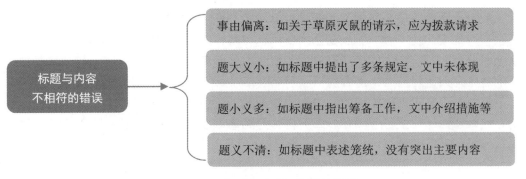

图 4-10　标题与内容不相符的错误

中共××县委××县人民政府
关于进一步整治和改善经济发展
环境的实施意见

中共××县委××县人民政府
关于进一步整治和改善经济发展环境的
实施意见

图 4-11　标题排版的错误示范　　　图 4-12　标题排版的正确示范

（2）标题的字体字号为 2 号小标宋体字，特殊规定的小标题用 3 号小标宋体字或 3 号黑体字。

综上所述，拟写者在写作公文标题时应注意标题要素的完整、隶属关系的清楚表述、提取中心内容的凝练以及标题格式的规范等事项，要认真细致，做到规范行文。

4.3.3　其他错误——格式要素，滥用乱排

在公文写作中，稍有不慎还有可能出现如紧急程度滥用、保密设置过于随意、份数序号出错、机关代字弄混、签署与印章失误、附件编排混乱等错误。下面将对这些错误进行详细介绍，以帮助大家明晰并规避。

1. 紧急程度滥用

紧急程度是公文处理的时限要求，由紧急到缓急依次可分为特急、紧急、平急 3 种。在公文写作中，由于事项被要求快速执行，容易出现滥用紧急程度的问题，主要表现在紧急程度的标高，如将一般事项设置为"紧急"，或者将紧急事项设置为

"特急"。

2. 保密设置过于随意

保密设置即根据公文内容的重要程度设置一定的秘密级别,《中华人民共和国保密法》明确规定:"属于国家秘密的文件、资料,应当依照有关规定标明密级,不属于国家秘密的不应标为国家秘密文件、资料。"因此,各党政机关应确定本单位的保密范围,并设置对应的秘密级别和保密期限,以避免公文的保密设置出现问题。

但由于公文内容的秘密范围没有明文规定,且各单位和部门涉及事项的不同,容易导致有些保密设置过于随意,如应该公开的事项设置了加密,或应该加密的事项设置保密级别不准确等。

3. 份数序号出错

根据保密要求,机密及以上的秘密文件必须在每件文件上标明份数序号,并标注在版心左上角第 1 行顶格位置。但在具体写作中,有可能会出现未标注的情况,如报告的等级为机密,在版心处未见份数序号。

4. 机关代字弄混

机关代字为每一个机关单位的简称或代字,由机关单位领导制定,且一个机关对应一个代字。在公文写作中,容易出现机关代字弄混的问题,如"华东师范大学"写作"华师大",与华中师范大学和华南师范大学容易混淆,正确的应写作"华东师大"。

5. 签署与印章失误

签署与印章为公文的落款部分,主要涉及签发人与印章的格式错误,具体说明如下。

(1) 签发人格式。"签发人"字样应使用 3 号仿宋体,后加全角冒号,签发人姓名使用 3 号楷体。在具体的写作中,容易出现将"签发人"字样写成"签发",以及字体统一使用仿宋体或楷体等错误。

(2) 印章格式。《党政机关公文工作处理条例》规定:"公文中有发文机关署名的单位,应加盖与发文机关单位相符的印章,有特定发文机关标志的普发性公文和电报可不加盖印章。"在具体的公文写作中,大部分落款都有印章,且应严格按照印章的排布格式进行排版。需要重点注意的是,不得出现未签署、盖空章、有印章所在页无正文的情况。

6. 附件编排混乱

附件编排包括主体部分的附件说明以及正文后附件内容两个方面的格式要求,其常见错误如下。

(1) 主体部分的附件说明方面：常出现的错误有附件说明与正文内容空格多行、附件说明顶格书写、附件说明书写在落款之后以及书写完"附件："后另起一行等。

(2) 正文后附件内容方面：常出现附件中字体字号的错误、标点符号的错误以及附件内容放置位置的错误，具体说明如下。

- "附件"两个字应该用 3 号黑体字，其顺序号使用阿拉伯数字，后面不加标点。在写作中容易出现"附件"字样为仿宋体或楷体的情况，或顺序号为汉字数字。"附件"字样后加冒号，如写成"附件一"就是错误的。
- 附件内容的标识写成"附件 1、""附件 1："，或附件中的标点和名称用书名号括入，以及名称后加句号结束，如"附件：1.《关于……的名单》。"等错误写法。
- 附件内容应随正文装订，在正文之后，有些公文会将附件编排于版记之后，正确格式为编排在版记之前、正文之后的另一面。

公文的规范性要求各个格式要素都按照明文规定进行写作，这样在保障公文的权威性与庄严性的同时，也具有美观性。因此，拟写者在写作公文时，应准确把握各个格式要素的要求，严格遵守，以规避上述问题。

4.4 攻克问题——提升素养，掌握写法

若要写出优秀的公文，必须规避上述各项公文写作中的常见问题，那么如何攻克这些问题呢？关键在于拟写者需要提升自身的素养，以及掌握正确的写作方法。本节就这两个方面进行介绍，以帮助大家规避和攻克公文写作中的问题和难点。

4.4.1 提升拟写者素养——不忘初心，稳固决心

拟写者的素养提升主要关乎两个态度，即拟写者有写作公文的初心和决心，初心好比写作时定下的目标，而决心则是为达到这一目标而付出的努力程度。从这两个态度出发来写公文，自然可以规避写作中常见的问题与错误，从而帮助拟写者在写作优质公文的道路上更进一步。

1．拟写者的初心

拟写者的初心是指叩问自己是否明确知道公文是什么、写作公文的意义在哪，以及拟写者自己想要写成怎样的公文。关于拟写者如何把握这 3 个问题，具体说明如下。

1) 明确知道公文是什么

这是拟写者确定公文写作的初心时需要叩问自己的第 1 个问题。认识公文，能够

清楚自己所要写作的公文是什么类型，能够更好地确定自己是否想要深入了解公文写作。

"明确知道公文是什么"包含前面章节提到的公文的基础知识、写作知识、基本格式、写作的流程以及公文的处理工作等内容，对于公文是什么了解得越深入，越能够帮助拟写者确定自己是否能够从事公文写作这份工作。

2) 写作公文的意义在哪

这是拟写者需要叩问自己的第2个问题，即写作公文的作用和前途，具体说明如图4-13所示。

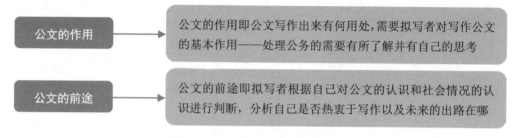

图4-13 写作公文的作用和前途

3) 拟写者想要成就怎样的公文

这是拟写者需要结合自身确立一个公文写作的目标，这个目标可以远大，也可以务实，但需要足以支撑自己保持公文写作的初心，且拟写者可以为此付诸行动。关于公文写作目标的确立有如图4-14所示的几种参考模式。

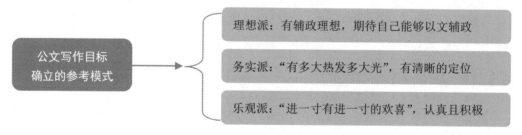

图4-14 公文写作目标确立的参考模式

2. 拟写者的决心

拟写者的决心即为确立好的公文写作目标制订实施的计划，首先是肯花心思学习和了解公文写作的相关知识；其次是有耐心打磨自己的写作能力，做好持续性练习写作的准备；再次是保持继续学习的心态，增加自己的材料积累与写作知识积累；最后是达到更高的写作水平阶段，并逐步接近目标。这也是拟写者树立公文写作决心的几个阶段，具体说明如下。

1) 熟知知识阶段

熟知知识阶段，即对公文写作的相关知识加以学习，需要从确立初心的初次接触到深入了解并熟知，尤其需要对公文写作的格式要牢记于心。这期间需要花费大量的时间和精力，但这是得以规避写作中出现知识性错误的基本途径，也是拟写者决心写好公文的基础。

2) 持续练习阶段

持续练习，即对习得的公文相关知识付诸实践。所谓"实践出真知"，通过实践，拟写者可以知道自己对公文的写作存在哪些方面的不足，以及加深对公文写作知识的理解，这是拟写者决心写好公文并向前迈进的一大步。

3) 继续深造阶段

拟写者在经过公文写作知识的积累与实战经验的积累之后，对于公文写作不再是一个入门者了。拟写者可能慢慢地形成了自己的写作风格，有了自己的态度和写作方法，此时拟写者应该关注的是将公文"写深""写神""写出彩"。那么，在这一阶段，拟写者需要保持海量的阅读习惯，广泛地吸取实践经验，以及深入实践、实地考察等，从而不断地稳固自己写好公文的决心。

4) 高水平阶段

在这一阶段，拟写者对于公文写作达到炉火纯青的地步，逐步实现或已经实现了自己最初的目标。这一阶段的界定不限，具体需要结合拟写者的目标来考量，但同时也需要拟写者有很大的决心才能达到。

公文写作达到优质的水平，无非就是需要拟写者表明这两个态度。树立初心与表明决心很容易，也很抽象，但关键在于拟写者如何保持。持久性地拥有初心与决心，才是公文写作优胜者的最高素养。

4.4.2 掌握好写作方法——有备无患，拟定审查

在前面的章节，对于公文的写作技巧进行了简要点拨，但就上面提到的问题规避而言，拟写者还可以掌握一些具体的写作方法，下面将从写作前的准备、写作时的结构安排和写作后的审查3个方面进行介绍。

1. 写作前的准备

写作前的准备，也就是说在接受写作公文这一任务之前需要进行的准备，这也有一些方法，包括实地考察、收集资料和储备好自己的信息库，具体说明如图 4-15 所示。

2. 写作时的结构安排

在公文写作过程中，借助一定的结构进行布局，可使得公文的内容像一串珠子被连贯穿起来一样，从而让公文写起来更顺畅，读起来更流畅。在具体的写作中，可按

照因果结构、并列结构和递进结构 3 种结构方式来写作，具体说明如图 4-16 所示。

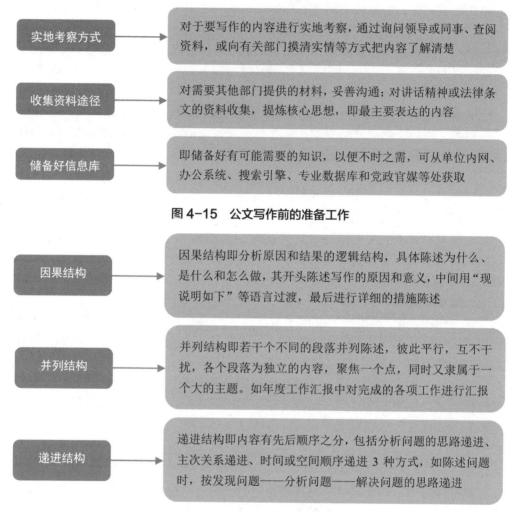

图 4-15　公文写作前的准备工作

图 4-16　公文写作的结构方法

3. 写作后的审查

写作完公文之后，不能立马传送给受文对象，拟写者需要对其中的内容进行审查，或自己审查，或让同事审查，这样才能规避常规的格式、语言等低级错误。其中，自己审查可以通过大声朗读来检查，或者写完放置一段时间后再检查，又或者借助检索工具来检查。

通过对写作前、写作中和写作后的方法掌握，可帮助拟写者尽可能地规避掉公文写作中的常见问题，这也是拟写者写作优质公文的有效途径。

第 5 章

公文的规范与处理

　　写完公文后,还会进行审查、提交、处理和归档等一系列工作。本章将对公文写作完成之后的规范与处理工作进行详细介绍,让大家对公文写作有更全面的认识。

5.1 规范原则——行文规范,审查原则

公文的规范原则,是指在公文写作完成之后的审查阶段中,为了更好地传达公文写作的意图,以实现公务问题的顺利解决而制定的审查要求。本节将对公文的行文关系规范与内容审查原则进行详细介绍。

5.1.1 行文关系规范——上行下泛,厘清关系

公文的行文,有着特定的秩序。一般来说,只有按照一定的规定或准则来行文,才能维护各级各类机关间行文秩序的规范性。

公文行文的规范性可从 3 个方面来考虑:一是公文行文上下关系的规范;二是公文行文方向与方式的规范;三是公文行文规则的规范。下面对这 3 个方面进行详细说明。

1. 公文行文上下的关系

公文行文的上下关系,取决于发文机关与受文机关的相互关系,它是对公文往来关系的总称。通常由机关的组织关系、领导关系和职权范围来决定机关之间的公文发文者和受文者。

常见的行文关系有两大类:第一类是国家行政机关的行文关系,是指地方各级人民政府服从国务院(中央人民政府);第二类是党的各级组织的行文关系,是指下级服从上级和全党服从中央。

2. 公文行文的方向与方式

基于行文关系的不同,公文的行文方向和方式也有着根本区别。一般来说,可以将机关之间的公文往来分为上行、下行和平行 3 个方向,且在各级各类机关工作需要的基础上,产生了公文的 3 大行文方式,即上行文、下行文和平行文。另外,泛行文也是一种重要的行文方式,只是这种行文方式没有特定方向。

1) 上行文

上行文,即自下向上行文,是指下级机关或业务部门向所属上级机关或业务主管部门行文的方式。根据公文发受双方之间的关系,上行文可分为逐级上行文、多级上行文和越级上行文 3 种类型。其中,逐级上行文是公文往来中最基本、最常见的一种行文方式。

2) 下行文

在行文方向上,下行文与上行文恰好相反,是上级机关或业务主管部门对所属下级机关或业务部门行文的方式。基于不同的发文目的和要求,下行文也有 3 种不同的

行文方式，即逐级下行文、多级下行文和越级下行文。

3) 平行文

与上行文和下行文不同，平行文的文件发受机关之间并不是领导与被领导、隶属与被隶属的关系。其公文的往来存在于以下两种机关之间。

- 同级机关之间，如同一部门内的同级机关。
- 不相隶属的、没有领导与指导关系的机关之间。

4) 泛行文

泛行文，强调的是行文范围的广泛性。这种公文与上述3类有特定行文方向的公文不同，它面向的是社会，其受文对象是社会群众，且这种行文方式没有特定的主送机关。

3. 公文行文规则

公文是各级各类机关、社会团体和企事业单位等用于办理公务的应用文，这些依法成立的社会组织之间有着庞大、繁杂的关系，为了保证工作的有序进行和效率的提高，各级机关和部门之间应该遵循一定的行文规则，具体如图5-1所示。

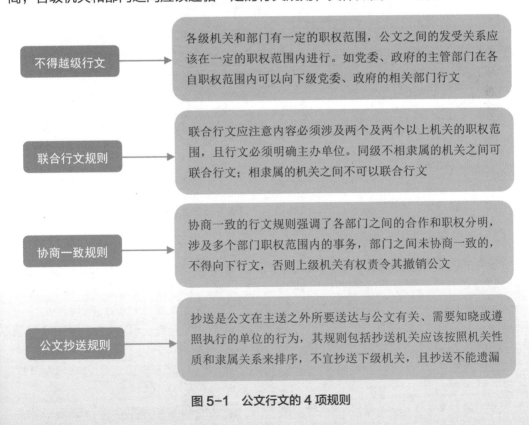

图5-1 公文行文的4项规则

行文关系是公文相较于其他应用文比较特殊的一个特点，拟写者在写作时应当严格遵守其规则，以便保障公文的权威性和传达事项的准确性。

5.1.2　内容审查原则——三大板块，三查三改

内容审查是对公文写作的内容、语言和格式等方面进行检查，是公文提交前的一项比较重要的工作，可遵循一定的原则。下面将对内容审查原则进行详细说明。

1. 内容区域的"三查三改"

内容，无疑是公文需要进行查改的重要区域，需要遵循立意、措施政策和材料方面"三查三改"的原则，具体如图5-2所示。

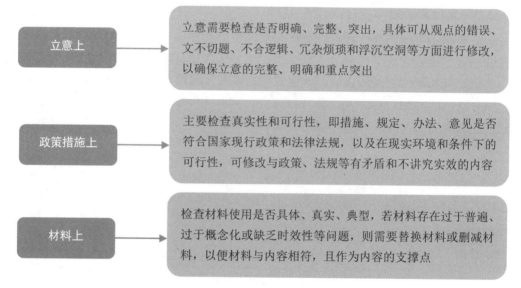

图5-2　公文内容的"三查三改"原则

2. 语言文字的"三查三改"

公文的内容是由语言文字组成的，它能充分体现公文拟写者的语言文字水平，也是一篇公文内容质量好坏的重要体现。

一般来说，只有保证语言文字的正确性，才能确保公文在内容表达和结构上也是正确的。从这一方面来说，公文也应该在篇章、行文和文字部分坚持"三查三改"原则，具体方法如下。

（1）篇章上：主要检查篇章表达的明确、合理性以及紧凑度，具体可查找杂乱无章、上下内容脱节、主次详略不当等问题进行修改。

（2）行文上：需要检查行文的语言精练度、语法规则的使用是否正确以及语言表

述是否符合逻辑,具体可查找用词不当、啰唆累赘或逻辑错误等情形进行修改。

(3) 文字上:主要检查文字使用得是否准确、标点符号使用得是否规范等方面的问题,并对存在问题进行相应的修改。

3. 体式问题的"五查五改"

体式主要是指公文的体裁格式,是区分公文类型的重要标准。对公文而言,任何一种体式类型都有它独有的特征和标识,必须在一些重要组成元素上保证其准确无误。

一般来说,需要查改的公文体式问题主要表现在以下 5 个方面。

(1) 文种:查看是否满足公文内容和行文方向等,如有问题应立即更正。

(2) 标题:在内容契合、组成要素和编排要求方面查看是否存在问题,如有问题应立即订正。

(3) 主抄送单位:查看是否存在缺漏和编排错误之处,如有问题应立即订正。

(4) 附件:查看文件是否齐全以及编排的正确性等,如有问题应立即订正。

(5) 附加标记:在一些附加标记(如印发标识、页码等)上,也应该注意其正确性,如有问题应立即订正。

5.2 处理归档——落到实处,封存保管

公文在正式提交之后,需要经过一系列的处理工作与程序,方可立卷、整理归档。本节将对公文的处理、归档工作与流程进行介绍。

5.2.1 公文处理工作——按规操作,严格处理

公文的制发有一个处理的过程,这一过程的所有工作环节就是公文的处理环节。下面将从公文处理工作的地位特点、关系分析、组织形式和具体要求等方面进行介绍,以便大家对其有大致的认识。

1. 地位特点

在机关工作中,公文的处理是一项非常重要的工作,主要包括公文的发文办理程序、受文办理程序、立卷工作和归档工作 4 个部分。一般来说,公文处理工作具有充当助手、连接纽带和方便考察的作用。

公文处理工作的作用体现为在公文前的制发等一系列环节中对机关工作发生作用,这也是公文处理工作的基本任务的体现。其可以助力实现社会主义现代化建设服务的目标。公文处理工作的基本任务如图 5-3 所示。

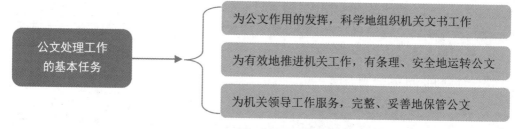

图 5-3　公文处理工作的基本任务

由于公文处理工作的重要地位和作用,也对其自身提出了要求,并把这一要求通过日常工作体现出来,形成其独有的特点。关于公文处理工作的特点,从其地位和要求等角度来说,主要表现在以下 5 个方面。

(1) 从工作地位上而言,它是机关秘书部门最主要、量最大的日常工作。
(2) 从工作要求上而言,它具有时限性、机要性和规范性。
(3) 从工作内容上而言,它具有很强的政务性,特别是党政机关公文。
(4) 从工作环节上而言,它的一系列程序和环节是相互衔接的科学运作状态。
(5) 从机构设置上而言,它的设置由机关大小、工作繁简和数量多少而定。

2. 关系分析

公文的处理是各机关、部门的日常工作,需要正确的领导和指导。因此,公文的处理工作是存在一定的隶属关系。关于党政机关公文处理工作的领导和指导关系,具体说明如下。

(1) 从全国来看,由中共中央办公厅、国务院办公厅分别负责领导和指导党和政府系统的文书工作。
(2) 从一个机关来说,由本机关的秘书长或办公厅(室)主任负责领导工作。
(3) 从上下级关系来看,上级机关的办公厅(室)对其下属机关、单位的公文处理工作负有业务指导的责任。
(4) 从其他方面来看,机关档案部门对机关的文书工作负有一定的指导责任。

3. 组织形式

公文处理工作的组织形式,即一个机关或部门是采取何种形式去组织公文的制定和发文的,这涉及相应机关或部门的机构设置、权力配置和相互关系。

从以上 3 个方面考虑,公文处理工作的组织形式可分为两种,即集中和分工。那么一个机关或部门到底应该采用何种形式去完成公文的处理呢?这还应该从内到外进行思考。

从外而言,公文处理工作的组织形式应该考虑公文之外的各项要素,特别是机关或部门的设置、人员配备和相互间的距离等,具体如图 5-4 所示。

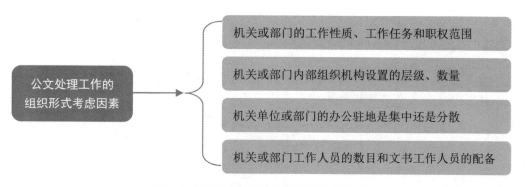

图 5-4 公文处理工作的组织形式考虑因素

从内而言,就是公文本身的情况,这里主要指公文数量。当然,此处的公文数量指的是机关或部门受文和发文的总体数量,若公文的数量较多,明显超过了该机关或部门的工作承载量,就可以考虑采用分工的组织形式进行处理。

4. 具体要求

公文处理工作与各级各类机关、社会团体和企事业单位等工作的开展息息相关,因此对公文的处理工作提出了 6 大具体要求(见图 5-5),只有坚定地按照这些要求进行,才能保证公文处理的高质量、高效率。

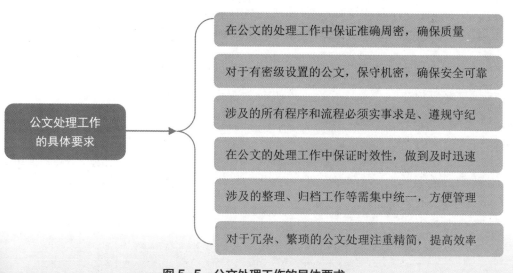

图 5-5 公文处理工作的具体要求

5.2.2 发文办理程序——复核登记,缮印发文

发文,即发出公文,是公文经过拟稿、审查以及签发之后向受文对象发出公文的程序,包括发文复核、发文登记、公文缮印和公文用印 4 个环节。下面对发文办理程

序的这些环节进行介绍。

1. 发文复核

发文复核,是公文在正式印制发出之前的最后一次质量检查,通常由秘书部门进行,并重点检查3个方面,具体如图5-6所示。

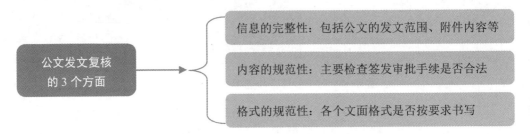

图 5-6　公文发文复核的 3 个方面

如发现问题需要修改的,不能擅作主张修改,需征求签发人同意,并按照流程审批、签发。

2. 发文登记

发文登记,即在公文复核完成之后到被送印之前对公文的备份登记,需要登记其标题、文种、发文字号和发文范围等,以备日后查看。

发文登记是按照同一机关文件统一登记的方式,主要有 3 种登记方法,详细说明如图 5-7 所示。

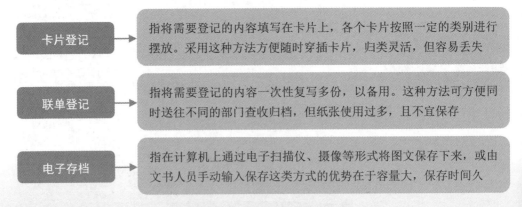

图 5-7　公文的发文登记方法

3. 公文缮印

这一环节指的是将审查与登记好的公文印制出来,包括缮印方式的选择与缮印后的文稿校对两个方面工作,具体说明如下。

1) 缮印方式的选择

选择缮印方式，可以从手工誊写、机械誊写和印刷 3 种方式中选择。各种方式的具体说明如下。

- **手工誊写**：即由专门的文书人员手工将公文内容按照原稿进行誊写，是对原稿的高度还原。采用这种方式需耗费大量的精力和人力，且工作效率较低。
- **机械誊写**：即使用打印机、复印机等将公文原稿呈现出来。采用这种方式效率较高，但容易出现字迹模糊的问题，且对格式排版要求非常高。
- **印刷**：即借助专门的印刷机器进行批量生产，需经过整理文稿、设计格式、制作样式、校对、印制、装订等一系列流程，适用于对数量有要求的文稿缮印。

2) 缮印后的文稿校对

文稿校对，即对缮印出来的成品进行原稿比对的工作，主要是查看文字、格式等缮印情况，可以按照如图 5-8 所示的 3 种方法来进行。

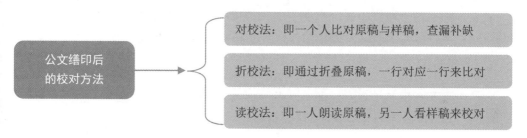

图 5-8　公文缮印后的校对方法

4. 公文用印

公文印制完成后，还应在公文中加盖印章，以保证公文的权威性和庄重性，这个过程就是公文用印。公文用印并非随手一盖，而是有一定的规范与要求，具体如下。

1) 公文用印的要求

公文用印在应该盖谁的印章、盖印章时需要监印和用印情况需要记录等方面具有严格要求，具体说明如下。

- 公文用印应加盖制发单位公章并签署成文日期，无须机关单位名称，用印需求和用印次数都必须征求领导同意。
- 公文用印时由专门文书人员监印，且使用的印模和印版由其保管。
- 公文用印之后必须将印模等迅速退还文书部门，且必须做好用印记录，以便日后查验。

2) 公文用印的规范

印章使用颜色为红色，需完整、端正、清晰地加盖在指定位置。印章加盖位置分为以下两种情况。

- 单一机关制发公文时，印章加盖以落款处的成文日期为基准，按照"骑年盖月"，即印章位于成文日期中上，其下弧与日期中的月份相切，左下弧与日期中的年份相交的位置，进行加盖。
- 联合机关制发公文时，若加盖两个印章，还是以成文日期为基准，成文日期位于版心左右各空 7 字的距离，按照主办机关印章在前、其余机关印章在后的顺序，两印章间相距 3 cm 内的位置用印下压在成文日期上。若加盖 3 个或 3 个以上印章，则按主办机关印章在前、其余机关印章在后的顺序依次排布，一行最多盖 3 个印章，最后一行若还有两个印章则居中排布，成文日期标注在最后一个印章上，格式与单一机关制发加盖印章的格式相同，注意各印章间互不干扰，并一一排列。

5.2.3 受文办理程序——签收核实，传阅办理

受文，即相对于发文机关而言的受文单位接收公文，包括公文的收受阶段、审核传阅阶段、承办催办阶段以及办毕阶段。下面将对这些阶段进行介绍。

1. 收受阶段

收受阶段主要是受文单位对发文单位的公文进行接收，主要有 3 个流程，具体说明如图 5-9 所示。

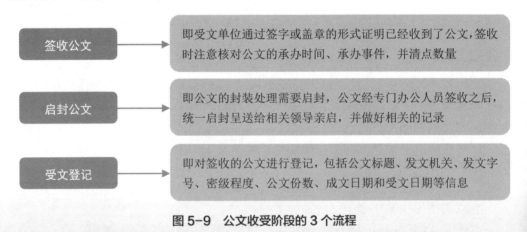

图 5-9　公文收受阶段的 3 个流程

2. 审核传阅阶段

审核传阅阶段，即对签收好的公文进行信息核对后传递阅读的阶段。其中，在审核公文这一环节中，应重点核对以下几方面。

（1）接收的公文是否由本机关承办。

(2) 接收的公文其文种是否正确，格式是否规范。

(3) 接收的公文是否符合起草的要求，其事项是否经过讨论与协商等。

若接收到的公文确实不符合要求，可退回发文单位进行处理。

若公文审核无误，则公文处理机构根据发文机关领导人批示或者指示将公文呈送给相关领导人进行审阅，在传阅公文时，应当注意避免漏传、误传和延传。

3. 承办催办阶段

承办催办阶段，即公文涉及事项的办理阶段。其中，承办是指在知晓公文涉及事项后进行贯彻执行或答复的环节，主要分以下 3 种情形。

(1) 属承办部门职权范围内：这类事项由承办部门直接答复呈文机关。

(2) 涉及其他部门业务范围：这类事项应该与涉及的部门进行协商办理。

(3) 须报请上级审批：应该提出处理意见或代拟文稿，并报请上级审批。

催办是对公文涉及事项的承办情况进行督促的环节，对于一些较为紧急的事项，定期进行催办督促与随时掌握承办动态具有重要作用。

当需要贯彻执行的事项完成之后，还须向发文单位反馈办理结果，并将相关情况告知给有关单位，以此结束公文的受文办理程序。

4. 办毕阶段

办毕阶段是指公文办理完成后的"清退"，即将已经办理好的、接收来的公文按期送回给发文机关或指定的相关单位。这主要是为了维护公文的安全性、权威性和有效性。

5.2.4 公文立卷工作——科学整理，装订保存

公文立卷工作，是机关文书对已经办理完毕的公文进行整理与保存的一种方式，是公文处理过程中的一个重要部分。下面具体介绍立卷的基本概述、分类标准、程序环节、要求和原则等内容，帮助大家了解立卷工作。

1. 立卷的基本概述

立卷，是指在公文的发文和受文阶段，对已经确定好可以保存的公文按照一定的特征和联系进行归纳编排成案卷的过程。立卷具有如图 5-10 所示的几个作用。

2. 立卷的分类标准

为力求立卷工作的周密与合乎逻辑，需要对保存的公文按照一定的分类标准立卷。在党政机关公文中，具体从年度特征、组织机构、问题特征和保管期限 4 个方面进行分类，具体说明如图 5-11 所示。

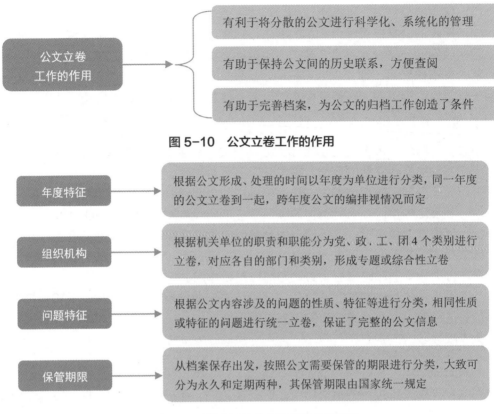

图 5-10　公文立卷工作的作用

图 5-11　党政机关公文的立卷分类标准

3. 立卷的程序环节

立卷的程序环节，即立卷的具体工作，主要包括分类和组卷两大类。其中，分类按照上述分类标准进行。立卷工作在具体操作中，主要包含 4 个工作环节，具体说明如下。

1) 立卷的准备

立卷的准备，就是编制归卷类目录，具体是将当年度形成的文件材料，包括本机关的材料和其他机关的材料，按照归卷类目录进行整理与保存。

2) 平时立卷归档

平时立卷归档，是指将办理完毕的公文及时按照归卷类目录的索引，分门别类地进行归档与保存。

3) 调整与组卷

调整与组卷，指的是第二年度开始时，机关单位人员在平时立卷的基础上按照要求将前一年度的文件组合为年度案卷，并拟写案卷标题，确定保管期限，注意需要标明卷内文件的起止日期。

组卷，即将归纳好的各个单元文件组合成案卷的过程。组卷可按照各个公文中的相似点，如作者、问题、名称和时间等要素，来归类整理，从而组成案卷。组卷有如图 5-12 所示的几种方法。

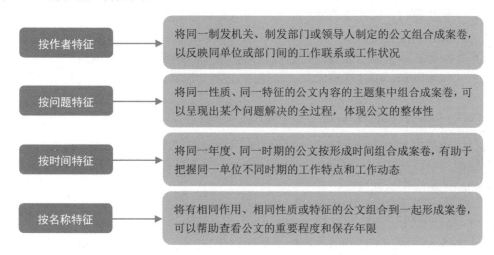

图 5-12　组卷的方法

4）编目与装订

编目与装订，是指对立卷进行排列文件顺序、编排文件序号和页码、登记文件目标和备考表、填写案卷封面等一系列的编排工作，最后装订成册，移交相关机关的档案部门归档。

4．立卷的要求和原则

在公文的立卷工作中，需要遵守一定的要求和原则，以便立卷工作的顺利进行。有关立卷工作的要求和原则具体如下。

1）立卷工作的要求

立卷工作的目的是让各类公文有序排列，方便查找与规范保管。为了达到这一目的，需要按照如图 5-13 所示的要求进行。

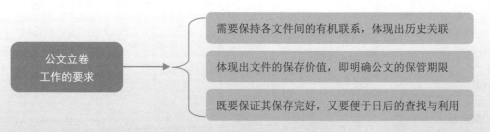

图 5-13　公文立卷工作的要求

2) 立卷工作的原则

立卷工作应遵循的原则如下。

- 联系原则：即根据公文自身的特点或规律进行立卷，组合成案卷的各公文间具有某种历史联系。
- 完整原则：即对于立卷的公文，要求其内容是完整的，没有材料的缺失或格式的错误等问题。
- 保管原则：指对需要立卷的各公文提出保管期限以及保管规范的要求。
- 利用原则：指立卷的公文，可用作日后公文写作的参考资料或查验凭证。

5.2.5 公文归档工作——明确范围，按照要求

公文归档工作，是公文处理工作的收尾，是立卷工作中把组卷形成的案卷整理移交档案部门保存的活动。要了解公文的归档工作，需要先了解公文的归档范围、归档时间和归档要求，下面将对这些内容进行详细介绍。

1. 公文的归档范围

《中华人民共和国档案法》和相关法规对公文的归档范围做了明确的规定，其对于包括必须归档的文件和无须归档的文件作了具体说明如下。

1) 必须归档的文件

必须归档的文件，包括党政机关产生的请示、报告、工作总结、工作计划、决定、决议等涉及重要事项的文件资料，以及各种事关机密的照片、录像、电话记录、录音等声像资料。

2) 无须归档的文件

无须归档的文件，是指不予做立卷处理和归档保存的文字资料，具体涵盖 3 类，如图 5-14 所示。

图 5-14 公文无须归档的文件类型

2. 公文的归档时间

公文的归档时间，即将案卷移交给档案部门的时间，一般在第二年的上半年。

3. 公文的归档要求

为保障公文的保管工作顺利进行，公文的归档具有以下几个要求。

(1) 保证案卷文件是严格按照整理、立卷、编目、组卷等一系列流程进行的，这是确保归档工作质量的首要前提。

(2) 保证案卷文件的要点齐全，包括文件的种类、份数、内容的完整性等。

(3) 特殊情形下的文件，如联合办理的公文，由主办机关归档公文原件，其余机关归档公文副本。

(4) 若本机关负责人同时兼任其他机关职务，则在履行其他机关职务过程中产生的文件，由其他机关负责归档。

5.3 公文管理——运转制度，存取有度

公文的管理制度，指的是公文在处理与归档的过程中，具有一些严格的制度规定，如保密制度、登记制度、分类组卷制度、传阅制度和印刷制度等，这些制度能够为公文的办理与保管工作保驾护航。公文的管理方法，则是指有关部门保管公文的方式方法。本节将对公文的管理制度与方法进行简要介绍，以便大家了解。

5.3.1 公文的管理制度——处理归档，明文规定

公文的管理制度，是为规范公文的处理与归档工作而制定的相关规定与办法，具体涵盖如表 5-1 所示的几方面内容。

表 5-1 公文管理制度的详细内容

制度名称	制度内容
保密制度	明确标识公文的秘密等级与保密期限； 有保密设置的公文不得随意带出办公室或阅文室，且必须采用严格的电子邮件传递； 未经批准不得传阅、私存、复印、公布秘密文件等
登记制度	必须准确、详细地登记公文的标题、发文机关、发文字号等基本信息； 必须准确地登记公文的经办人、承办人、传阅人等传阅公文的人员信息
阅文制度	根据传阅人员的职务、等级、职权等信息规定可传阅公文的内容范围、顺序、方式等，视具体情况而定
催办查办制度	根据公文的承办时限和内容要求等方面，对催办查办的范围、方式方法、程序等作出的明文规定

续表

制度名称	制度内容
清退制度	对已经办理完毕的文件作出清退文件范围、程序、要求和原则等方面的明确规定
销毁制度	没有保存价值的文件在经过办公厅(室)负责人批准的情况下予以销毁； 有保密设置的文件销毁时，必须到指定场所且由两人以上监督销毁； 销毁绝密文件时，必须予以登记
分类立卷制度	对于需要保管的公文按照科学、系统的方式分门别类地放入卷盒中； 卷盒上必须注明公文的分类条目和分类号
移交归档制度	严格按照归档范围归档； 对于合并机关的文件，随之合并归档； 对于撤销机关的文件，在撤销时整理移交档案部门； 秘书人员调离工作岗位时，将本人保管、借用的公文按规定移交、清退给有关部门
借阅与利用制度	由公文的承办部门或综合办公厅(室)规定公文的借阅范围、方式、期限、审批手续等； 借阅时，必须按照严格的借阅手续执行

5.3.2 公文的管理方法——日常维护，方便查取

为方便公文的随时查取，可按照一定的管理方法进行公文的日常管理工作，具体包括 4 种方法，如图 5-15 所示。

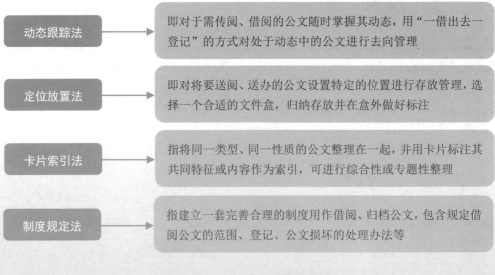

图 5-15 公文的 4 种管理方法

第 6 章
法定类公文的写作

　　法定类公文即党政机关、单位团体为实施指挥、履行职能、处理公务等发布的具有法定性与规范性的文体，表现为报告、请示、决议、决定、命令等不同的样式。本章将以这些样式为例，具体介绍法定类公文的写作方法。

6.1 报告——反映工作，领导知悉

报告是法定类公文中常见的一种上行文。在实际工作中，每一项工作或任务的完成，都应该以报告的形式对其基本情况、经验教训、存在的问题和设想等进行介绍，以便上级领导机关了解相关情况。本节将对报告的基本内容进行介绍，以帮助大家顺利地掌握报告的写作方法。

6.1.1 基本概述——报告的主要特点和用途

报告是一种上行文，即下级工作人员向上级领导反映工作情况，令领导知悉以便指示的公文文种。这种公文具有 4 个主要特点，如图 6-1 所示。

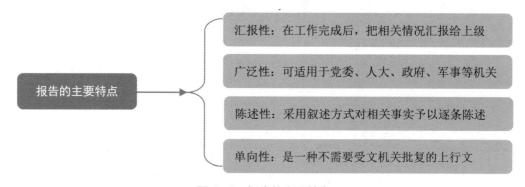

图 6-1 报告的主要特点

在报告的广泛应用中，主要有以下 3 个方面的用途。
(1) 用于汇报工作。
(2) 下级工作人员可用报告反映情况。
(3) 可用于答复上级机关的询问。

6.1.2 写作要点——报告的结构和写作技巧

拟写报告，需要掌握报告这一文体的结构和写作技巧在结构方面，报告主要包括标题、主送机关、正文和落款 4 个部分。下面就报告的结构和写作技巧两方面进行详细介绍。

1. 标题

报告的标题分为"发文机关+事由+文种"和"事由+文种"两种形式，如《人大常委会学习××情况报告》和《加强企业管理工作报告》等。

2. 主送机关

报告一般只有一个直接上级机关，因而在标注主送机关时也只对其加以注明。

3. 正文

报告的正文由开头、主体和结尾 3 部分组成，具体介绍如下。

（1）开头部分，主要是对报告的目的、根据或意义进行说明。

（2）主体部分，一般针对某种情况作出报告，主要包括 3 个方面的内容，即具体情况、针对出现的情况进行说明以及最后得出结论。当汇报的内容较多且复杂时，可以用分条列项或小标题的形式来安排结构，并在逻辑上按从主到次的顺序排列。

（3）结尾部分，或是以简短的文字概括全文，或是以"请审核""请查收""特此报告"等字样结束全文。

4. 落款

报告的落款一般包括 3 个方面的内容：发文机关名称、印章和发文日期。在标题中出现了发文机关名称的，此处可省略。

5. 写作技巧

关于报告的拟写，应注意的事项和技巧如下。

1) 不应夹带请示事项

请示与报告一样，都是一种上行文，因此很多拟写者容易在报告中把一些表示请示的话语夹带在内容中，如在结语部分写上"以上报告妥否，请指示"，这是文种混淆的错误。

针对一些请示事项，拟写者可以单独用请示行文，而不是夹带在报告中。把请示事项夹带在报告中，不仅会造成报告拟写的失误，还有可能给上级机关带来不便，影响其工作。

2) 应注意主题的把握

每一篇文章都有一个主题，报告也是如此。关于报告的主题，应该注意两个方面的问题：首先，要注意发现新主题；其次，要注意主题的内容和观点要与材料保持一致，并且能充分地展现主题思想和观点，让文章的思路清晰可见。

3) 应注意陈述的真实

报告的内容必须是真实的，特别是提供的材料和数据，必须是有据可查的，不能胡乱编造。这是上级机关通过报告掌握各方面的动态和变化，从而准确地作出决策的重要依据，只有保证陈述的真实性，才能为决策的科学性和正确性助力。

4) 应注意语言的简练

报告的语言必须是简洁的，只有把主要的事项以总结性的话语准确地表达出来，才能突出重点，而不能一味地以空话、套话来敷衍。

6.2 请示——无权定夺，请求指示

请示是指请求性公文，是一种比较常用的上行文，是下级机关向上级机关就解决某种问题或批准某一事项而运用的法定类公文。本节将具体介绍请示这一文种的写作方法，以便大家掌握。

6.2.1 基本概述——请示的基本条件和分类

虽然请示应用得比较广泛，但并不是所有属性为请求类的文本内容都可使用请示。一般来说，使用请示这一文种，必须具备 3 个基本条件：下级机关向上级机关行文、涉及问题必须是自己无权决定和处理的、目的是请求上级批准。请示也有不同种类，按照其内容和写作意图的不同，可分为 3 类，具体如图 6-2 所示。

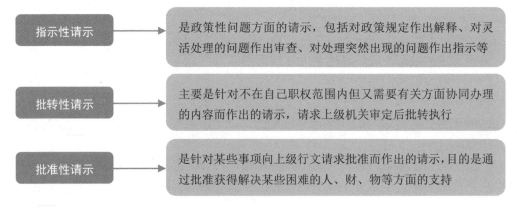

图 6-2 请示的分类

6.2.2 写作要点——请示的结构和写作技巧

请示的结构一般包括标题、主送机关、正文和落款 4 部分。下面就请示的结构和写作技巧进行介绍，具体内容如下。

1. 标题

请示的标题有以下两种形式。

(1) 发文机关+事由+文种：如《××局请求转发〈进一步完善农村土地承包关系工作方案〉的请示》。

(2) 事由+文种：如《关于增设秘书专业的请示》。

2. 主送机关

请示的主送机关是指负责受理和答复的直接上级机关，与报告一样，请示的主送机关只有一个，而不是多个。

3. 正文

请示的正文按照开头、主体和结尾划分，一般分别写成陈述请示的缘由、说明请示的具体事项和用请示习惯用语结束全篇，详细内容论述如下。

(1) 开头的请示缘由部分，是上级机关有针对性批复的依据。

(2) 主体的请示事项部分，是具体陈述请示的内容，需拟写清楚。

(3) 结尾的惯用语部分，一般写成"当/妥否，请批示/复""以上请示，请予审批"等。若有附件，应当在结尾处用圆括号标注。

4. 落款

请示的落款一般包括两个方面的内容：发文机关和成文日期。若在标题中写明了发文机关的，此时可不用再次标注，但需加盖单位公章。

5. 写作技巧

在拟写请示的过程中，可在遵循写作原则的基础上掌握一定的技巧，以便顺利成文。拟写者需要遵循的写作原则如下。

1) 遵循3个"一"原则

请示要求一件事情一个请示，不能一文多事，且一文只有一个主送机关，主送机关为直接隶属的上级单位。

2) 遵循两不"越"原则

一是请示需逐级请示，送达上级机关，一般不能越级；二是请示的内容不能"越权"决定，需在行事之前拟写请示，待领导答复之后再抄送给下级机关。

在遵循请示原则的基础上，拟写者在写作过程中还应该运用一定的写作技巧，具体内容如下。

1) 把握范围，明确目的

请示的适用范围一般是下级单位无权决定、无力办理或是理解不清的事情，即需要请示上级机关批准或指示。明确请示的这些适用范围，能够帮助确定拟写请示的目的，以便更好地发挥请示的作用。

2) 情况属实，条理清晰

在陈述请示内容时，要求内容真实可靠，能够反映实际问题，且组织材料时，需条理清晰、层次分别，有逻辑性地说明当下存在的问题或不能决定的事项，以便领导作出正确的决策。

3) 语言简洁，准确传达

拟写请示的语言要简洁明了，能够集中地表达主题思想，做到将请示提交给上级单位后上级领导能够明晰下级单位存在的困惑或需要得到哪些帮助。

6.2.3 对比分析——报告与请示的主要区别

报告与请示都是一种针对具体事项或情况向上级领导机关反映的公文文种，两者都属于上行文的范畴，主要针对主管机关行文，且内容结构要素大致相同，但二者在行文时间、行文目的、结尾用语和上级机关受文后的处理方式等方面存在差异，详细内容如图6-3所示。

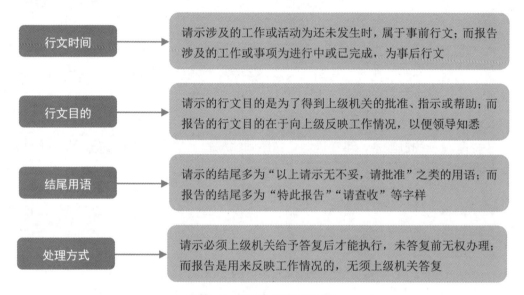

图6-3　请示与报告的区别

综上所述，请示与报告虽同为上行文，却具有一定差异。只有正确把握好二者的区别，才能有效避免出现文种混淆、行文不当的错误。

6.3　决议——重大事项，会议决策

决议是指党的领导机关就重要事项经会议讨论通过决策，并要求相关部门贯彻执行的法定类公文。决议是关于重大事项的决策，且要求相关部门依此贯彻执行。本节将具体介绍决议的基本内容，帮助大家顺利地掌握决议的写作方法。

6.3.1 基本概述——决议的主要特点和分类

想要深入理解决议的含义,可从决议的特点进行把握。决议具有 4 个主要的特点,具体如图 6-4 所示。

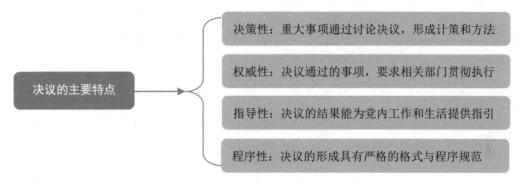

图 6-4 决议的主要特点

其实,不同内容的决议对党的工作和生活的指导作用是不同的,因此决议可根据其内容的不同,划分为如图 6-5 所示的几种类型。

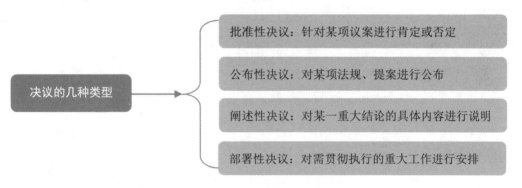

图 6-5 决议的几种类型

6.3.2 写作要点——决议的结构和写作技巧

决议由标题、成文日期和正文 3 部分构成。下面就决议的结构和写作技巧进行详细的介绍。

1. 标题

决议的标题有 3 种形式,具体如下。

(1) 会议名称+事由+文种:如《××代表大会常务委员会关于公布<××××宪法修改草案>的决议》。其中,"会议名称"是指决议形成的会议名称。

（2）发文机关+事由+文种：如《中共××省委关于认真学习××思想的决议》。

（3）事由+文种：如《关于确认××的决议》，这是省略了发文机关的决议。

2. 成文日期

公文的成文时间有两个可标注的位置，一是在标题下居中标注，二是在正文之后居右标注。决议的成文日期采用前一种标注方法，在标题下用圆括号进行标注，包括会议名称和日期两个要素，具体内容如下。

（1）若标题中已经注明通过决议的会议名称，该部分只需要写明"×年×月×日通过"即可。

（2）若标题中未注明通过决议的会议名称，成文日期则需要写明"×会第×次会议×年×月×日通过"。

3. 正文

决议的正文内容同其他公文一样，一般可分为开头、主体和结尾 3 个部分，具体内容阐述如下。

（1）决议的正文开头部分主要是对决议出现的缘由、根据、意义等进行阐述，这部分是对决议涉及的相关事项做简要介绍，如"会议听取了什么""学习了什么""批准通过了什么"等。

（2）正文主体部分也是整个决议内容的中心部分，这一部分按照决议事项的不同，具体的写作形式也不同。如批准性决议，主要为强调意义、提出号召等；部署性决议，主要是写明工作的内容、措施和要求等。

（3）正文结尾部分表示决议拟写的结束，在拟写过程中这一部分可视具体情况来决定是否要写。当决议中有结语时，一般是有针对性地对执行要求和希望进行介绍，以此结束全文。

4. 写作技巧

在拟写决议时，拟写者可掌握内容结构安排和具体写作方法这两个方面的写作技巧，具体内容如下。

1）内容结构安排

决议内容的安排可根据决议事项和内容的多少采取合适的结构形式：若是单一事项、内容较少的决议，可通过全篇不分段或按照事项把决议内容分为若干段落的形式来拟写；若是内容较多、较复杂的决议，可通过设置小标题的形式，条理清晰地陈述说明，或是通过分条列项，即将主体内容并列成多段的形式来拟写。

需要注意的是，无论采用上述哪种结构形式，其主要的目的都是为了突出重点，条理清晰地说明决议的内容，切忌主次颠倒、注重形式。

2) 具体写作方法

为帮助拟写者顺利地完成一篇合乎要求的决议，下面分享几点写作方法，具体如图 6-6 所示。

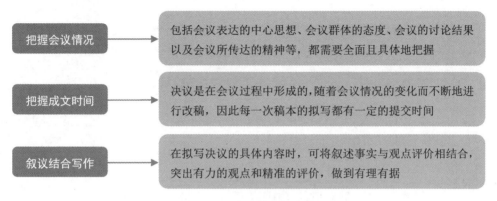

图 6-6　决议的写作方法

6.4　决定——事项安排，严格执行

决定同决议一样，是具有指导作用的下行文。它是对重大事项或重大行动作出安排，并要求相关部门贯彻执行的指令性法定类公文。本节将具体介绍决定的写作方法，帮助大家更好地拟写。

6.4.1　基本概述——决定的主要特点和分类

决定，简而言之就是上级机关作出指示，要求下级机关执行的文件。决定具有 4 个特点，如图 6-7 所示。

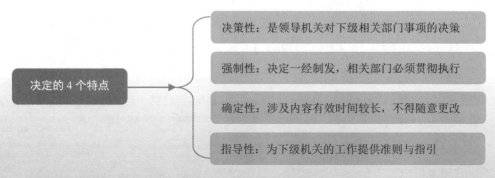

图 6-7　决定的 4 个特点

决定按其内容和用途的不同，可以分为 4 种类型，具体如下。

（1）知照性决定：它是把作出的决策知照给相关单位和个人的决定种类。

（2）指挥性决定：指挥性决定一般都是针对重要事项或重大行动作出安排与部署的。

（3）法规性决定：它是指建立、修改某项法规或确定大政方针的决定。

（4）奖惩性决定：它是指表彰一些突出事迹或指出一些错误问题的决定。

6.4.2 写作要点——决定的结构和写作技巧

决定的结构包括标题、主送机关、正文和落款 4 部分。下面就决定的结构和写作技巧两方面进行详细介绍。

1. 标题

决定的标题形式为"发文机关+事由+文种"，如《中国科学院关于表彰××的决定》。如果决定是由会议通过的，那么在标题下方居中位置必须加圆括号注明成文日期和会议名称。

2. 主送机关

决定的主送机关即需要知晓或执行的下级单位。当决定的发文机关非常明显、确定时，其主送机关可以省略。

3. 正文

决定的正文由开头、主体和结尾 3 个部分构成，具体内容如下。

（1）开头：在决定的开头部分，一般会写明作出决定的缘由、目的和依据，如"目前……/根据……/为了……，现决定："就是常见的开头写法。

（2）主体：决定的主体部分是决定的主要内容，该部分采用分条列项的方法说明决定的具体措施、步骤和详细要求。

（3）结尾：在决定的结尾，一般会根据决定内容提出具体的希望与要求，以便人们贯彻执行或为实现将来的目标而努力。有附件的，要在结尾处予以说明。

4. 落款

决定的落款处必须注明发文机关，且在其上加盖印章，这是落款部分必需的要素。当在决定的前文部分没有标注成文日期时，应该在落款处予以标注。

5. 写作技巧

在拟写决定时，可掌握一些写作技巧，以便行文更顺畅，详细内容陈述如下。

（1）选择合适的结构。决定具有不同的内容形式，应结合内容的差异进行不同的结构编排，如分段式结构、篇段合一式结构、分条列项式结构。

(2) 处理篇幅的长短。不同类型的决定，因其内容的不同对篇幅的长短要求也不同，如知照性决定内容单一，篇幅要求较短；指挥性决定内容相对复杂，篇幅要求较长。因此，需要按照决定内容的不同处理好公文的篇幅。

(3) 规范语言与内容。在内容和语言方面，决定的拟写有着总体要求，即内容的严肃性、事实的确切性和行文的周密性。

6.4.3　对比分析——决定与决议的主要区别

决定与决议都为指示性的下行文，且都是对重大事项作出决策的文种，这是两种文种的相似之处，但二者也存在区别，具体体现在内容构成、程序形成和发文范围等方面，如图6-8所示。

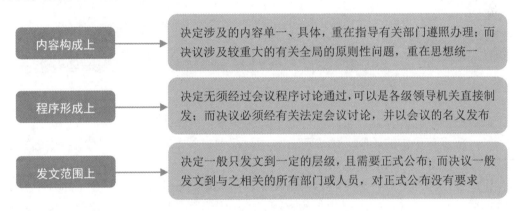

图6-8　决定与决议的区别

6.5　命令——强制要求，有令必行

命令是国家权力机关及其领导人发布的具有强制执行效力的法定类公文，是上级机关对下级部门的工作、学习进行指导的文种。本节将具体介绍命令的基本内容和写作方法，帮助大家顺利地拟写这一公文。

6.5.1　基本概述——命令的概念特征与分类

命令，有时直接称为令，具有严格的规范与界定。并非所有的事项都可使用命令这一文种。命令适用4种情形：依照有关法律公布行政法规和规章制度、宣布施行重大强制性的行政措施、批准授予和晋升衔级、嘉奖有关单位和人员。

命令具有权威性、强制性、严肃性和载体性 4 个重要特征，具体说明如图 6-9 所示。

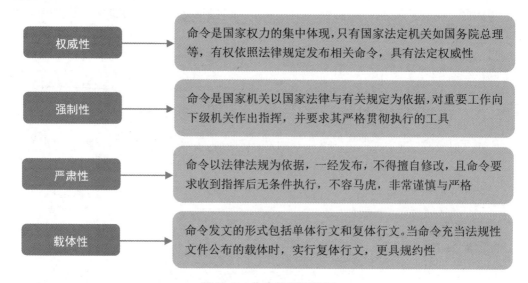

图 6-9　命令的重要特征

命令按照不同的标准，可以划分为不同的类型，具体如下。

（1）按发布单位的不同，命令可分为国家权力机关发布的命令、国家行政机关发布的命令和国家领导人发布的命令等。

（2）按作用的不同，命令可分为公布令、行政令、任免令和嘉奖令。如公布令是依照法律公布相关法规和规章的命令；行政令是国务院及县以上人民政府发布行政措施使用的命令；任免令和嘉奖令是对有关领导干部任哪个职责、嘉奖某种先进行为等使用的命令。

（3）按带附件与否，命令可分为带附件的命令和不带附件的命令，其中任免干部的命令一般不带附件，公布行政法规、宣布重大举措等命令一般带有附件。

6.5.2　内容结构——命令的内容结构和要求

从结构上来说，命令一般由标题、正文和落款 3 部分构成。下面介绍命令的结构和相关要求。

1. 标题

通常来说，命令的标题有 4 种形式，具体如下。

（1）发文机关+事由+文种：如《×××(机关)关于××的命令》。

（2）发文机关+令：如《×××令》。

(3) 事由+文种：如《××(事件)的命令》。
(4) 文种：如《嘉奖令》。

在命令的标题中，发文机关的标志由发文机关的全称加"命令"或者"令"字组成，居中排列，一般采用红色宋体字。

2. 正文

命令的正文包括发文令号、主送机关、主体内容 3 部分，具体说明如下。

(1) 命令的发文令号应当在发文机关标志下空两行排列，并在令号之下再空两行排列正文内容。

(2) 命令的主送机关，需要根据实际情况来拟写，有时无须拟写。

(3) 命令的主体内容一般由两部分组成：一部分是发布命令的原因；另一部分是使命指挥，即说明受令者必须要执行的事宜，以及命令生效的时间、执行的时限。

3. 落款

命令的落款需要标注签发命令的机关或者法定作者及其职务、日期，并加盖公章。一般来说，日期是成文日期，位于署名下方，有的也会将日期标注在标题之下。

6.5.3 写作技巧——拟写命令的要领和方法

拟写命令这一文种，可从文体特征、内容结构以及语言运用等方面把握一些要领，以便更顺畅地行文。下面就命令的写作要领进行详细介绍。

1) 把握命令的文体特征

使用命令这一文种写作时，需要明晰命令的适用范围。一般来说，除法律规定的有权发布命令的机关或领导外，其他机关无权发布命令。且命令一经发布，需严格按规定执行，其内容凸显出强制性和权威性。

2) 厘清命令的内容结构

命令颁布是要求相关机关严格执行的，因此在内容结构上需重点突出应该做什么、不应该做什么，使命令有效地传达并得以执行。在拟写具体的命令时，可按文章写作的开头、过渡、转折和收尾的顺序进行，也可按照是什么、为什么、怎么做的逻辑顺序进行，内容层层递进，环环相扣。

3) 使用精确且规范的语言

命令的严肃性要求语言的使用需用词准确、言简意赅，才能更具说服力与权威性。但精确且规范，并非要求语言使用呆板、一成不变，在叙述内容时，可采用排比、对仗等具有生动性的语言，如"愤慨之余，殊深轸念""抗战有功，驰名中外"等，短小精悍又显示出文风与气势。

6.6 公告——重要事项，公开宣告

公告，即公开宣告，在法定类公文中，公告是一种适用于向国内外宣布重要事项或法定事项的公文。公告的发布范围广泛，向社会广而告之，可以起到晓谕的作用。本节将具体介绍公告的相关内容，方便大家顺利掌握其写作方法。

6.6.1 基本概述——公告的主要特点和分类

随着公文"公而告之"含义的扩大化，其适用范围也随之扩大，容易忽视其内容特征上的庄重性要求，且偏离了《国家行政机关公文处理办法》中关于"公告"的规定，实则公告的特征对于写作公告尤为重要，是拟写者不可忽视的。因此掌握公告的特点至关重要。

公告具有4个主要特点，具体如图6-10所示。

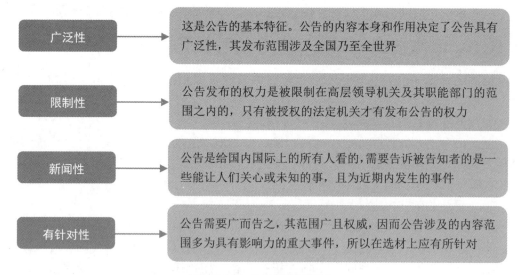

图6-10 公告的主要特点

公告按其涉及内容的不同，可分为以下两种类型。

（1）法定事项类的公告：主要用来公布带有法律、法规性质的事项，公布之后各级机关和相关人员必须遵守。

（2）重要事项类的公告：主要内容涉及国家的经济、军事、文化等与国家事务关系密切的方面，发挥知照作用。

另外，公告除了在党政机关内发挥作用外，还有公告，如招标公告、申请专利的

公告等专业性公告和向特定对象发布的公告可以在党政机关外部发挥作用。

6.6.2 写作要点——公告的结构和写作技巧

公告的结构包括标题、发文字号、正文和落款 4 部分。下面将对公告的结构和写作技巧进行详细介绍。

1．标题

在公告的标题中，常见的要素包括发文机关或会议名称、事由和文种。根据公告内容的不同，公告的标题有多种形式，具体如下。

（1）发文机关/会议名称+文种：如《××××代表大会公告》。

（2）发文机关/会议名称+事由+文种：这是一种用于内容较多、事由较复杂的公告的标题形式，如《中国人民银行关于进一步改革外汇管理体制的公告》。

（3）事由+文种：这种公告把事由在标题中重点表现了出来，如《关于建设党员责任区的公告》。由于这种公告标题中没有注明发文机关或会议名称，因此需要在落款处注明。

2．发文字号

在公告的结构中，发文字号可按需拟写。当同一发文机关需要在短时间内发布多份公告时，应标明发文字号，其他情况下则不必注明。

3．正文

在公告正文中，一般包括两部分内容，即公告的原因和具体事项。其中，关于公告的原因，拟写者可以选择性地加以介绍，要简明扼要；对公告的具体事项，应该根据内容的多少选择不同的陈述方式，注意在拟写时语言要得体、精练，层次要清晰、分明。当然，拟写者有时还会在结尾处提出希望或警告等，并标明公告惯用的结束用语"特此公告"等。

4．落款

与其他公文一样，公告的落款也包括发文机关和成文日期两项。如果已在标题中写明发文机关的，则只需在落款处注明成文日期即可。

5．写作技巧

在写作公告时，拟写者还有许多要注意的问题和要掌握的技巧，下面对其分别进行介绍。

1）结构技巧和要求

公告是写给人们看的，需要的就是易读、易懂、易知，因而在结构方面要求层次分明、结构灵活。当公告内容较为简单时，简明扼要即可；而当公告内容较为复杂时，拟写者可按照时间先后顺序或逻辑顺序将内容有条理地呈现出来。

2) 用语技巧和要求

在拟写公告的用语方面，需要满足得体、准确的基本要求。得体，即采用浅显易懂、直截了当的用语；准确，即符合社会的客观实际情况，符合规范的语法层次和逻辑，符合内容表达的恰当性要求。

3) 内容篇幅的要求

总体来说，公告是一种短篇公文，这是公告容易让人们把握、理解和遵行的篇幅要求。而实现公告篇幅的简短，可在文字上做简要处理。具体来说，拟写者应该从以下几个方面加以注意。

- 公告的首尾部分：开头开门见山，结尾迅速收束。
- 公告的正文部分：主体内容陈述事情直截了当。
- 观点的表述要鲜明，通篇采用简练、概括性的语言。

6.7 通告——业务事宜，公布周知

通告是指在一定范围内公布应当遵守或知晓事项的法定类公文，它主要发挥知照作用，适用于有关单位开展业务的需要。本节就通告的基本内容和写作要点等方面进行详细介绍，帮助大家顺利掌握通告的写作方法。

6.7.1 基本概述——通告的主要特点和分类

通告适用于社会各个有关方面各种单位或个人应该遵守或周知的事项，它具有效用规范性、知照广泛性和事务专业性3个特点，如图6-11所示。

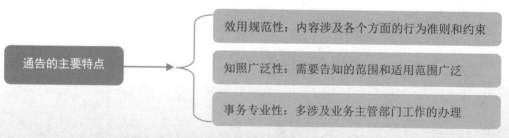

图6-11 通告的主要特点

通告根据其效用可分为两类，即知照性通告和规定性通告，具体内容如下。

(1) 知照性通告：用作各专业部门、社会团体或企事业单位对于新情况、新决定和新事物的广泛告知，其涉及的内容专业且单一，一般不具备法律效力，仅有一定的制约性。

(2) 规定性通告：用作一定范围内公布给被告知者需遵循的准则或事项，具有行政约束力或法律效力。

6.7.2 写作要点——通告的结构和写作技巧

拟写通告，可从其结构和写作技巧两方面进行把握。下面对这两方面进行详细介绍。

1. 标题

通告的标题有 4 种写作形式，具体如下。

(1) 直接以文种命名：如《通告》，这类标题就是直接以文种命名。假如要公布的通告是紧急的，此时应该在文种前加上"紧急"二字。

(2) 事由+文种：如《关于×××的通告》。

(3) 发文机关+事由+文种：如《××政府关于××空气质量保障措施的通告》。

(4) 发文机关+文种：如《××市人民政府通告》。

2. 正文

通告的正文部分的写作顺序是介绍缘由、介绍事项、结语。缘由部分主要是阐述发布通告的背景、依据和原因等，可使用特定句式引出下文，如"为/根据……，特通告如下"。

通告的事项部分是正文的主体，它主要包括以下两个方面。

(1) 要公布的周知性的具体事项，条理清楚，一一列明。

(2) 对告知事项执行的具体要求，明确"需要做什么"，以便理解并执行。

通告的结语部分有其特定范式和写法，一般写成"特此通告""本通告自发布之日起实施"等。

3. 写作技巧

在拟写通告的过程中，掌握一定的写作技巧可以更快地写出优秀的通告。一般来说，要写好一篇通告，应该掌握以下技巧。

(1) 结构条理清楚、层次分明。拟写者需注意在正文主体部分，层次分明、逻辑清晰地表述通告的内容。

(2) 内容明确具体、观点鲜明。架构好了通告的条理和层次，然后要对具体内容进行陈述，同时事项要明确具体、观点要鲜明，以便被告知者理解和执行。

(3) 内容引用确切、权威规范。通知的事项是以国家方针政策或法律法规为指引的，因此要保证内容中的事项和执行要求是符合相关法律法规的，确保其权威性。

(4)语言通俗易懂，便于理解。虽然通告的内容多涉及专门性或专业性强的事项，但通告需要考虑被告知者的广泛性，因而所有通告的内容都应该采用通俗易懂的语言来拟写，方便所有相关人员知悉明了。

6.7.3 对比分析——通告与公告的主要区别

通告与公告都是对外公布的公文，具有传播广泛性，这是这两种公文的相同之处，但它们在发文机关、发布内容、发布方式和告知范围上存在着差别，具体如图6-12所示。

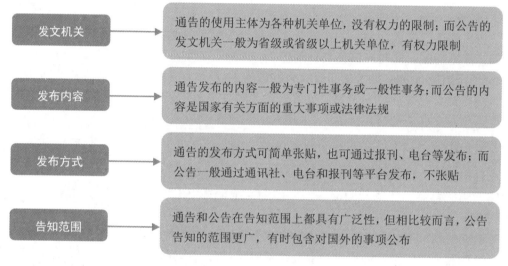

图6-12 通告与公告的区别

6.8 公报——官方决定，普告天下

公报，又称新闻公报，指的是国家党政机关或者其领导人员发布的重大事件、重要决定和会议决议等的法定类公文。公报也具有公开发布、广而告之的作用。本节就公报的基本内容和写作方法进行详细介绍。

6.8.1 基本概述——公报的主要特点和分类

公报是党政机关常用的重要文体，具有权威性、公开性、指导性和新闻性4个主要特点，具体内容如下。

(1)权威性。公报的权威性指的是它的发文机关级别很高，一般是以党中央或者中央政府的名义发文，其发文内容也十分重要，大多是社会大众关注的重大事件或者关于重大事件的决议。

（2）公开性。公报是需要公之于众的，因此具有很强的公开性，目的在于让社会大众都能知道它的内容。

（3）指导性。公报的指导性指的是公报发布的内容大多是重大情况、重大事件，用作指导党政机关各级的有关工作。

（4）新闻性。公报涉及的内容为最近发生的事件或最新的决定，因而类似于新闻文体，具有真实性与时效性的特征。

按照公示事项的不同，可以将公报分成会议公报、事项公报和联合公报 3 类。

- 会议公报：报道重要会议或会谈的决定和情况。
- 事项公报：党的高级领导机关用于发布重大情况。
- 联合公报：发布国家质检、政党之间等达成的协议。

6.8.2 写作要点——公报的结构和写作技巧

公报的结构通常包括首部、正文和尾部 3 部分。下面就公报的结构和写作技巧两方面进行详细阐述。

1. 首部

公报的首部包括标题和成文时间这两个元素，具体介绍如下。

(1) 公报的标题有以下 3 种写作形式。

- 直接以文种命名：如《××公报》。
- 会议名称+文种：如《××会议公报》。
- 如果是联合公报的形式，则在标题中标明发布公报的双方或多方国家的简称、事由和文种。

(2) 公报的成文时间标注在标题之下，格式为居中，用括号括入。

2. 正文

公报的正文部分包括开头和主体两部分。开头即前言，要求概括出事件的核心，即时间、地点和重大事件。如果是会议性公报，还需要写出与会人员；而联合公报中还需要写出谁与谁进行了什么性质的活动。公报的主体是公报的核心部分，需要完整地将公报内容有序地展示出来。

3. 尾部

在公报的 3 种类型中，只有联合公报有结尾，要求在结尾处标注双方签署人的身份、姓名，签署时间，签署地点。

4. 写作技巧

公报要求行文严肃、撰写和发布及时，因此拟写时需要谨慎，需要掌握以下写作技巧。

1) 明确范围，规范文体

拟写公报时，需要明晰所选题材是否为党政机关决定或决议的重大事项、重要内容，若为非权力机关或一般业务部门所涉及的事件，则不能使用公报这一文种，因而写入公报的内容需严格筛选，严肃规范。

2) 结构严密，要点突出

在组织公报的内容时，可采用分段说明、用序号厘清要点或条款式归纳各个要点等写作方式进行拟写，要求结构周密完整，要点突出，顺利达到周知效用。

3) 语言准确，高度概括

公报在发布重大事件或重大决策时，使用语言需讲究准确性与概括性，即"是什么""不是什么""应该做什么""不该做什么"等准确无误地表达清楚，且言简意赅。

6.8.3 对比分析——公报与公告的主要区别

公报与公告都是高级领导机关或授权机关公布重大事项的文体，二者都具有告知范围广泛性、权威性的特征，这是这两种文体间的联系，但它们亦有所区别，具体如下。

（1）内容上：公报的内容涉及会议情况、谈判情况和统计情况，且详细具体；而公告的内容为重大事项或法定事项，形式单一。

（2）表达上：公报拟写要求结构严谨、层次清晰和语言严谨，时而带有强烈的感情；而公告要求篇幅短小、语言精练和直陈其事。

（3）格式上：公报多用于领导机关发文，但没有发文字号，一般只有题注；而公告多用于行政机关发文，标题下有发文编号。

6.9 通知——事务处理，告知传达

通知是向有关机关或单位人员传达需知晓的事项的法定类公文，也是一种知照性公文，适用于法规、规章的发布，事项安排的传达等。本节将具体介绍通知的基本内容和写作要点，帮助大家顺利地掌握其写作方法。

6.9.1 基本概述——通知的主要特点和分类

在日常生活中,通知运用得非常广泛,其目的就是通过通知的形式以公开的方式向相关单位和个人传达某一事项或文件。通知具有 4 个特点,如图 6-13 所示。

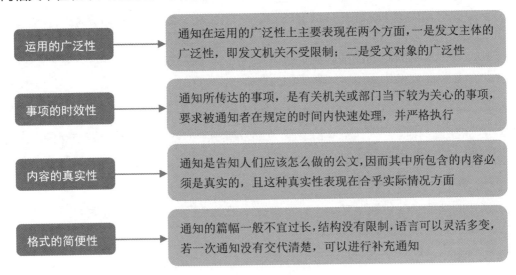

图 6-13 通知的特点

通知按其内容和性质划分,可分为 6 种类型:指示性通知,即上级机关对下级机关的工作开展进行指示的通知;发布性通知,主要用于发布各种行政或党政规章制度;事务性通知,用于日常工作中事务性事项的信息或指示传达;转发性通知,用于转发上级机关和不相隶属机关的文件;批转性通知,用于上级机关批转下级机关的文件;任免性通知,用于任免和聘用干部。

6.9.2 写作要点——通知的结构和写作技巧

标题、主送机关、正文和落款是通知的结构要素。下面就通知的结构以及写作技巧进行详细介绍。

1. 标题

一般来说,通知的标题拟写有以下两种形式。

(1) 发文机关+事由+文种:如《××市人民政府关于××的通知》,这是一般通知标题的常规写法。

(2) 事由+文种:如《关于任免××的通知》。

若是发布规章的通知,则需要把规章名称以书名号的形式括起来表现在标题中,以示区分。

2. 主送机关

通知的发文对象数量不定，其主送机关可能不止一个，因而在对主送机关进行排列时应注意其规范性。对主送机关，应该按照以下原则进行排序。

- 先外后内原则，即排在前面的是下一级的地方政府，然后才是本机关的职能部门。
- 党政军群原则，即按照党、政、军、群4个系统的先后顺序进行排列，这是在党的文件中运用得比较多的原则。

3. 正文

通知的正文按照开头、主体和结尾3部分来划分内容，一般开头陈述缘由，主体陈述事项，结尾陈述要求。

4. 落款

通知的落款一般包括发文机关、发文日期和发文机关印章。若标题中已经注明了发文机关，则无须在此重复注明。

5. 写作技巧

作为一种运用得比较广泛的公文，通知在写作的过程中逐渐形成了一定的写作技巧和要求，具体来说，表现在以下几方面。

（1）语言要庄重、平实。在语言上，通知必须是庄重、平实的。

（2）讲求时效与实效。通知为了不耽误工作、避免损失，一般要求注意其时效性，快速行文，从而有利于更好地安排工作。从实效性方面来说，通知的目的在于指导和推动工作开展，因而要注意在发布通知时，做到数量适中，不得滥发。

（3）具体事项要合理完整。通知的主体部分，当事项较多时，应对其进行细致陈述，要交代完整，且要求明确，明确每一步工作的要求和安排，以便被通知者知悉。

6.10 通报——相关事项，告知下级

通报是上级机关将表彰、批评、情况等对下级机关作出说明的法定类公文，在日常生活中有着广泛应用。本节将针对通报的各个方面进行具体说明，以帮助大家顺利地掌握其拟写方法。

6.10.1　基本概述——通报的概念特征和分类

通报是上级机关把有关的人和事告知下级机关的公文文种，适用于各级党政机关。通报具有对好人好事予以表彰、对错误及歪风邪气予以批评和对重要事项予以告知的作用。通报在含义和内容上主要体现出以下 3 个特征。

- 教育性：通报通过传达经验、教训，进行思想教育。
- 告知性：通报的内容是传达一些生活中的现实问题。
- 政策性：通报所涉及的决定有政策或法律的依据。

通报从不同的角度可分为不同的类型，具体如下。

(1) 从内容上划分，通报可分为表彰性通报、批评性通报和情况性通报。

(2) 从写作方法上划分，通报可分为直述性通报(包括综合性通报和专题性通报)、转述性通报(正式通报和参阅通报)。

(3) 从行文主体上划分，通报可分为独立行文通报和联合行文通报。

6.10.2　写作要点——通报的结构和写作技巧

无论哪种形式的通报，其结构是类似的。通报的结构包括标题、成文日期、主送机关、正文和落款 5 部分。下面就通报的结构和写作技巧两方面进行详细阐述。

1. 标题

通报的标题有以下几种形式：发文机关+事由+文种，如《国务院办公厅关于××集资问题的通报》；事由+文种，如《关于××××表彰的通报》；发文机关+文种，如《中共××委员会通报》；只有文种名称，如《通报》。

2. 成文日期和主送机关

通报在格式上比较自由，如有些通报会把成文日期置于落款中，而不单独标注；有些通报不注明主送机关。

3. 正文

通报的正文可分为 3 部分，即提出问题、分析问题和解决问题，这是每一篇通报必须重视和说清楚的内容。

4. 落款

通报的落款即署名和日期，包括发文机关、发文机关印章和发文日期。若标题中已经注明了发文机关，则落款处可以省略发文机关及其印章。

5. 写作技巧

在拟写通报的过程中，拟写者需要掌握一定的写作技巧，从而快速地拟写好一篇完整的通报。有关通报的写作技巧，具体说明如下。

1) 内容方面

拟写通报的内容时，可从适用范围的明确、内容的选取以及观点的陈述 3 个方面进行考虑。

- 首先，需要明确通报的适用范围，一般是表彰事迹、批评错误和告知事项 3 个方面的内容。
- 其次，在确定内容范围之后，对于选择的材料进行取舍，选择一些具有代表性的内容。如表彰性通报，即选择值得人学习、较为突出的人或事迹进行表彰通报。
- 最后，通报的写作者会表达一些自己的观点或情感，在陈述这些观点时，需要考虑其是否中肯，做到不夸大、不歪曲事实。

2) 叙述方面

在正式拟写通报时，要按照一定的结构进行拟写，以使陈述内容条理清晰、层次分明。一篇优秀的通报在结构的把握上是恰如其分的，且在语言的运用上准确规范。

6.10.3 对比分析——通报、通知、通告的关系

通报、通知、通告都是具有告知作用的法定类公文，这是它们共有的特征，但这 3 种文体又有着区别，具体体现在如图 6-14 所示的几个方面。

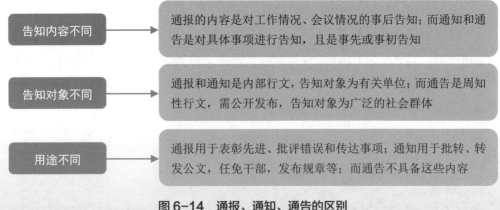

图 6-14　通报、通知、通告的区别

6.11 意见——重要问题，提出见解

意见，即人们对事物的看法、想法等，作为一种法定类公文，意见适用于对重要问题提出见解和办法。本节就意见的基本内容和写作方法进行详细介绍。

6.11.1 基本概述——意见的主要特点和分类

意见的适用范围极广泛，可用作上级机关指导下级机关工作，下级机关以请示的方式向上级机关提供建议，或同一级别的单位间交流信息等。就其内容和性质而言，意见呈现出灵活性、针对性和建议性3个特点，如图6-15所示。

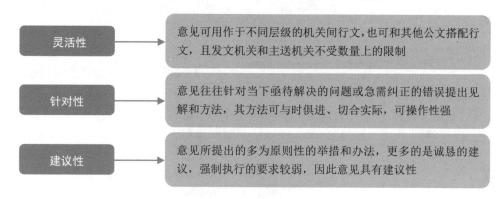

图6-15 意见的主要特点

意见被应用到众多方面，并在应用发展的过程中形成了不同种类，具体可分为以下两种类型。

- 原发性意见：这类意见是下级机关针对重要问题进行探索而得出见解和看法，并将这些见解和看法以公文的形式呈献给上级机关的公文文种。
- 贯彻性意见：这类意见主要是上级机关以某一精神或某一问题为核心，要求下级机关遵照执行或参照执行的公文文种。

6.11.2 写作要点——意见的结构和写作技巧

意见的结构包括必要组成部分，即标题和正文；非必要组成部分，即发文字号、主送机关和落款等，可视情况来决定是否书写。下面就其结构和写作技巧两方面进行详细介绍。

1. 标题

意见的标题具有两种写作形式：发文机关+事由+文种，如《国务院关于××的

意见》；事由+文种，如《加快建设××的意见》。一般来说，意见不能直接以文种命名。

2. 发文字号和主送机关

意见的发文字号在标题之下，居中书写，按照发文单位的需要拟写。当意见以独立文种出现时，需在发文字号之下注明主送机关，即需要传达或接收意见的机关单位。

3. 正文

意见的正文一般由开头、主体和结尾3部分组成，具体内容如下。

（1）开头：开头部分简要阐述发文缘由，即制定意见的背景、依据、目的和意义。后用过渡语，如"提出如下意见""特制定本处理和实施意见"等引出主体部分。

（2）主体：该部分主要是对相关问题提出见解和处理办法，重在解决问题，具体可以按照两个方面来拟写：一是阐明指导思想、工作原则等，可解决"如何认识"的问题；二是阐明具体措施、办法和要求等，为了解决"如何解决"的问题。

（3）结尾：这部分主要写明落实要求的惯用语，如"以上意见如无不妥，请批转各单位执行"等，并标明实施时间、解释权归属、原有意见的废止等。

4. 落款

意见的落款包括发文机关和发文时间，若在标题之下没有注明则需要在正文结尾处写明落款。

5. 写作技巧

掌握一定的写作技巧对于拟写意见有着非常重要的作用，具体可从材料选题、内容把握和语言运用等方面来掌握，如图6-16所示。

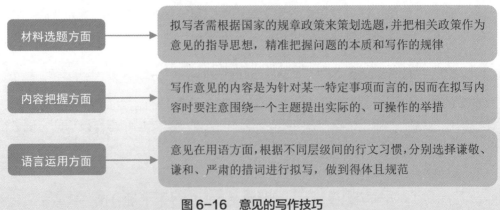

图6-16　意见的写作技巧

6.11.3 范文分析——《关于切实解决××问题的意见》

贯彻性意见就是指领导机关为了指导下级机关工作的实施而提出的意见，表现出具体的原则性和方向性。下面以《关于切实解决市县财政工资拖欠问题的意见》为例，介绍贯彻性意见的拟写模板，如表6-1所示。

表6-1 贯彻性意见的模板

标题		关于切实解决市县财政工资拖欠问题的意见
主送机关		××省人民政府：
正文	开头	近年来，我国部分市县出现财政工资拖欠问题。对这一问题如处理不当，不仅会影响政府正常运作和社会稳定，而且会影响我省经济和社会发展目标的实现。根据×××会议决定，现就解决市县财政工资拖欠问题提出以下意见：
	主体	一、提高认识，明确责任 各级地方党委、政府及省级有关部门应提高对工资拖欠问题的思想认识，增强责任感和紧迫感…… 二、建立科学有效的人事管理制度 结合市县机构改革，建立健全机关单位的用人制度…… 三、统一实行工资补贴标准 需要按照党中央文件明确规定的统一工资标准…… 四、开源节流，确保工资发放 各地应加快地方经济发展，在巩固现有财源基础上，培养新的…… 五、适当加大省对市县财政转移支付力度 根据省委、省政府政策，省财政将视省级财力状况逐步加大对市县财政转移支付力度，各市政府与省政府签订责任书……责任书明确以下要求： (一)彻底解决工资拖欠问题。(略) (二)确保新增调资政策落实到位。(略)
	结尾	以上意见如无不妥，请批转各地各部门贯彻执行。
落款		××省财政厅 ××××年×月×日

【分析】这是一篇贯彻性意见，主要是针对解决市县财政工资拖欠问题提出一些指导性的见解和建议。通篇结构要点齐全，内容叙述采用分条列项的方法，条理清晰，令人一目了然，且语言使用严肃、规范，具有借鉴性。

6.12 批复——下级请示，予以答复

批复，是上级机关答复下级机关请示事项的法定类公文，它与请示是相对的，为上行文与下行文的对应关系。本节就批复的基本内容和写作方法进行详细介绍，帮助大家顺利掌握批复的写作方法。

6.12.1 基本概述——批复的主要特征和分类

在法定类公文中，批复是涉及内容较窄、行文对象较为单一的一种文种。它具有4个方面的特征，具体如图6-17所示。

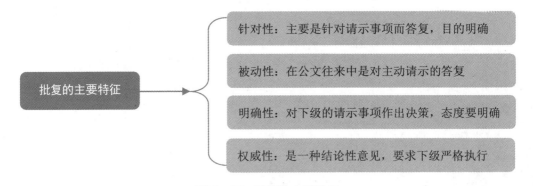

图6-17 批复的主要特征

批复按其内容可分为3类，具体如下。

（1）指示性批复：内容较多，篇幅较长，是对请示事项的执行或其他方面提出指示性意见的批复。

（2）审核性批复：内容比较简单，篇幅较短，大多是对请示事项表明同意、需要修改和反对的态度。

（3）阐释性批复：针对请示中提出的有关法规政策方面的问题作出阐释。

6.12.2 写作要点——批复的结构和写作技巧

与请示一样，批复的结构也包括标题、主送机关、正文和落款4部分。下面就其结构和写作技巧两方面进行详细介绍。

1. 标题

批复的标题与其他公文的标题存在一些区别，具体形式如下。

（1）发文机关+事由+文种：这类批复标题中的"事由"包括下级机关、请示事

由和问题等方面，当所要批复请示的标题也包括这些方面时，那么批复的标题相当于"发文机关+请示原标题+文种"的形式，如《××省人民政府对××市教育局<关于××××的请示>的批复》。

(2) 发文机关+请示事项+文种：如《国务院关于××城市总体规划的批复》。

(3) 发文机关+表态词+请示事项+文种：如《民政部关于同意××省设立××的批复》。

需要注意的是，指示性批复或无须批准请示事项的批复，一般在标题中不表态，而是在正文中表态。

2. 主送机关

与请示相对，批复的主送机关即请示的发文机关，如果批复内容涉及其他机关和单位，那么应该用抄送的形式将批复送达。

3. 正文

批复的正文包括引语、主体和结尾3部分，其中主体部分即对批复事项和内容进行陈述。而引语和结尾部分则有着不同的写法，具体如下。

(1) 引语：即批复的依据，主要引述请示的相关内容。如引述请示的日期和请示事项，用"××××年×月×日关于……问题的请示收悉"类似格式书写。

(2) 主体：即批复的主要内容。这部分主要是对请示的事项结合国家法律、法规以及实际情况等作出同意或不同意的答复，抑或是对请示内容中存在的疑惑进行阐释、对存在问题或困难进行指导等，要求条理清楚、具体明确。

(3) 结尾有3种方式：省略结束语，答复完请示事项即结束；用批复惯用语结尾，如"此复""特此批复"等结束；提出希望和要求，并加批复惯用语结束全文。

4. 落款

批复的落款与其他公文的一样，包括发文机关名称、成文日期和发文机关印章3项，标注于正文的右下方。

5. 写作技巧

在拟写批复的过程中，拟写者要掌握一定的写作技巧，以便更好地行文。批复的写作技巧如下。

1) 内容要求

批复要求"一文一批复"和"一请示一批复"，针对下级机关请示内容直接答复，且互相对应、环环相扣，避免混淆。

2) 答复态度

批复对提出请示的下级机关具有约束作用，因此要求上级机关予以下级机关的答复是态度明确、意志坚定的。

3) 语言表达

批复的语言表达体现在结构的安排上,按照一定的逻辑顺序进行事项的拟写;还体现在语言精确度上,明确地表达"是"或"否"的态度。

6.13 议案——审议事项,依法提请

议案是具有法定提案权的国家机关、会议机构和组织或个人向人大、人大常委会提请审议事项的法定类公文。议案是行使国家权力的重要手段,其提交具有一定的法定程序。本节将具体介绍议案的基本内容和写作方法。

6.13.1 基本概述——议案的主要特点和分类

从议案的内容和性质上看,议案具有主体的特定性、对象的单一性、程序的法定性和事项的可行性4个特点,具体内容如图6-18所示。

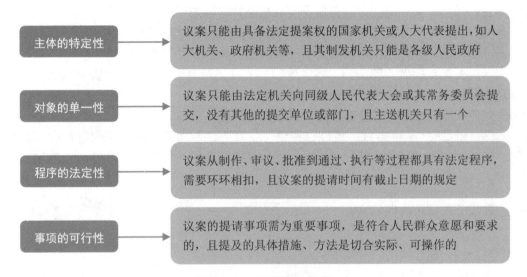

图6-18 议案的主要特点

议案按照提请机关单位的不同,可划分为政府向国家权力机关提出的议案、非政府向国家权力机关提出的议案和人民代表联名向国家权力机关提出的议案3种类型。

其中,政府向国家权力机关提出的议案按照内容的不同,又可分为3种类型,具体说明如下。

(1) 立法议案:有关法律、地方性法规的议案。
(2) 重大事项议案:就某地重大事项提请审议并作出决定的议案。

(3) 任免性议案：提请任免或撤销职务的议案。

6.13.2 写作要点——议案的结构和写作技巧

议案的主要由标题、主送机关、正文和落款 4 部分构成。下面将具体介绍议案的结构和写作技巧，以帮助大家顺利掌握议案的拟写方法。

1．标题

议案的标题构成要素为发文机关、案由(提请审议事项)、文种 3 部分，案由常用"关于提请审议××"或"关于提请审议批准××"等术语写作。议案的标题一般有两种形式，具体如下。

(1) 发文机关+案由+文种：如《国务院关于提请审议<中华人民共和国劳动法(草案)>的议案》。

(2) 案由+文种：如《关于提请任命××为××市市长的议案》。

2．主送机关

议案的主送机关只能是与政府同级的人大或人大常委会，尽量使用全称，在标题之下另起一行顶格书写，后加冒号。

3．正文

议案的正文包括案据、方案和结尾 3 部分，详细内容如下。

(1) 案据：交代此议案的依据，包括审议事项的原因、背景、目的和意义等。

(2) 方案：说明议案中提出请求审议问题的解决途径和方法，主要针对问题提出解决办法，总述性概括说明，无须具体分析。

(3) 结尾：表示审议请求，一般采用"请审议决定""现提请审议"等的习惯用语结束全文。

4．落款

与其他公文一样，议案的落款由署名和日期构成。其中，议案规定署名由政府行政首长签署职务和姓名，并加盖政府主要负责人的签名章，然后在签署的下一行写明成文日期。

5．写作技巧

拟写者在写作议案时运用一定的技巧，可顺畅地行文。议案的写作技巧如下。

1) 内容务实且完整

议案是关于重要事项的提请审议，通过后将形成法定文件并具有法律效力，因而要求议案的内容必须符合国家法律、法规的相关规定和要求，且要根据客观实际，提出切实可行的举措。

2) 语言得体且精练

议案的提交对象为国家权力机关,且经由法定程序提交,因而在语言的使用上要求得体,体现出一种"提请"的态度,且措辞要准确、精练,不能模棱两可、含混不清。

3) 行文格式规范

在拟写议案时,需遵循"一事一议案"原则,即一篇议案重点论述一个中心问题,并围绕中心问题展开论述,且议案的署名必须为第一行政首长的职务和姓名,加盖的印章为个人签名章。

6.13.3 范文分析——《关于提请解决××问题的议案》

重大事项议案是就重大事项提请权力机关审核作出决定的议案,它关注的多是当下发生的现实问题。下面以《关于提请解决外来务工人员子女教育问题的议案》为例,对重大事项议案的写作模板进行详细的介绍,如表6-2所示。

表6-2 重大事项议案的模板

标 题	关于提请解决外来务工人员子女教育问题的议案
主送机关	××市人大常委会:
正文 案据	近年来,在市委、市政府的正确领导下,全市人民齐心协力,攻坚克难,创业创新,工业化、城市化进程加快推进,社会经济建设突飞猛进,尤其是工业的异军突起,使我市人口、产业得到了快速集聚,大批省内外务工农民涌入我市就业,在为我市经济建设注入新的活力的同时,也带来了务工人员子女就学难等问题……还需进一步去研究和解决。
正文 方案	一、存在问题 　　(一)城区校舍严重不足,不能满足所有进城务工人员子女就近入学。其具体表现在: 　　1. 城区校舍不足,县级校舍闲置。我市农村学校学生逐渐减少,逐步流向城市,给城市学校带来很大的招生压力,同时也产生县校闲置的现象。如××县、××县、××县三个县最多时学生总数达××余人,而今年××县等三个县学生总数不足××人。 　　2. …… 　　(二)学生人均用地、绿化面积等指标低下,未达到义务教育标准化学校标准(略) 　　(三)学校专用教室严重不足,与新课程背景下的素质教育不相符(略)

续表

正文	方案	二、几点建议 (一)统筹规划，合理利用，进一步优化学校布局 1. 科学规划，解决外来务工人员子女入学工作。(略) 2. 充分利用闲置教育资源，缓解城区、县级学校的招生压力。 …… (二)规范管理，因人施教，让务工人员子女享受平等教育(略) (三)加大投入，完善设施，努力改善学校办学条件(略)
	结尾	请审议决定
落款		××市人民政府主席(盖章) ××××年×月×日

【分析】这是一篇关于提请解决城市外来务工人员子女教育问题的议案，全篇在案据部分介绍了该问题存在的现状与背景；在正文的方案部分，以概括性的语言，条理清晰地陈述了具体存在的问题和解决方案；最后用"请审议决定"字样结束全文，格式规范，主题明确。

6.14 函——平行文种，商洽交流

函是公文行文中唯一的平行文种，属于同级之间的行文，应用范围十分广泛，它不仅可以在平行机关之间行文，也可以在没有隶属关系的机关之间行文，可用于商洽工作、询问和答复问题以及请求批准事项。本节将介绍函这一文种的具体内容和写作方法。

6.14.1 基本概述——函的主要特征和分类

函主要被运用于同级机关中商洽交流，但特殊情况下，也会被用作下级机关向上级机关询问事宜，或上级机关告知下级机关事项。函具有沟通性、灵活性与单一性 3 个主要的特征。

(1) 沟通性：函在不同机关、不同层级之间起着沟通作用。
(2) 灵活性：主要体现在行文关系和格式要求两个方面，具体阐述如下。
- 行文关系方面：函不仅可以在同级之间行文，还能在上下级、不同机关之间行文，并不会像其他文种一样有着严格的限制。
- 格式要求方面：除了国家高级机关的主要函必须严格遵守格式要求外，其他一般函的格式都比较灵活，甚至可以没有公文版头、发文字号和标题。

(3) 单一性：一般来说，一份函只写一件事项。

函的应用极为广泛，从不同的角度可将其划分为不同的类型，具体内容如下。

(1) 根据形式的不同，可将函分为公函和便函。公函应用于机关单位正式的事务往来；便函则用于日常工作的处理，其格式较为随意，只需在结尾写上机关单位名称、时间并加盖公章即可。

(2) 根据发文目的的不同，可将函分为发函和复函。发函是指主动提出事项的函；复函则是回复事件的函。

(3) 根据内容用途的不同，可将函分为商洽函、告知函、询问函和请批函。

6.14.2 写作要点——函的结构和写作技巧

由于函具有灵活性，多数情况下拟写的格式要求较为灵活，按照需要拟写即可。但规范性公函的格式相对较为严格，其结构由标题、主送机关、正文和落款 4 部分构成。下面就规范性公函的结构以及函的写作技巧进行详细的介绍。

1. 标题

函的标题有两种形式，具体说明如下。

(1) 发文机关名称+事由+文种：如《×××(发文机关名称)关于×××(事件)的函》。

(2) 事由+文种，如《关于商洽委托××推荐优秀毕业生的函》。

需要注意的是，复函需要在标题中标明"复函"字样。

2. 主送机关

函的主送机关指的是受函并办理事项的机关单位，需要在函的标题下顶格写明全称或者规范化简称，后加冒号。

3. 正文

函的正文一般按照发函缘由、说明致函事项和结尾的顺序来写作，具体说明如下。

(1) 发函缘由需要概括介绍发函的目的和原因等；复函的缘由一般引叙对方来函的标题，接下来再交代发函缘由。

(2) 说明致函事项的部分内容单一，一封函叙述一件事，采用简洁得体的语言把需要解决的事情叙述清楚即可，复函还要有针对性地明确答复来函事项。

(3) 结尾一般是向对方提出希望、要求或者处理意见。在结语中常用的惯用语有"特此函询""请即复函""特此函复"等，或是用"此致""敬礼"等收尾。

4. 落款

函的落款包括署名、成文时间和公章。

5. 写作技巧

在函的写作中，要注意语言简洁明确，把握分寸。虽然函属于平行文，但不管是在平行机关之间还是上下级机关之间，都需要注意用语的平和有礼。此外，如果拟写的是复函，则要着重注意针对性和明确性，迅速及时地回复来函。

在具体拟写函时，可掌握如图 6-19 所示的写作技巧。

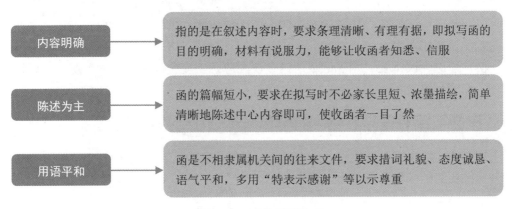

图 6-19　函的写作技巧

6.15　纪要——会议情况，记载传达

纪要是一种记载和传达会议中的各项情况，并在议定事项的过程中使用的法定类公文。与函一样，纪要可以提交上级反映情况，也可以公布给下级贯彻执行，还可以发给同级机关，双方交流情况。本节将介绍纪要的主要内容和写作方法。

6.15.1　基本概述——纪要的主要特征和分类

纪要在内容和性质上呈现出纪实性、条理性、概括性和特殊性 4 个特征，具体介绍如下。

(1) 纪实性：纪要是对会议情况的一个记录，需要如实反映会议中的议定事项，绝对不能脱离实际，因而要求其内容能够纪实。

(2) 条理性：纪要需要条理清晰地对会议精神和议定事项进行分层、归纳和概括，因此在内容的记录上需要条理清晰、层次分明。

(3) 概括性：纪要是对会议内容的一个记录，但不能将记录重点放在叙述会议过程上，而是要介绍会议成果，用精练、概括性的语言来整理会议主旨和成果。

（4）特殊性：指的是在称谓上的特殊，因为会议纪要需要反映与会人员的意向，因此通常采用第三人称的写法，以"会议"作为主体写作，如"会议认为"等。

根据工作环境的不同，可以将纪要分为办公会议纪要、工作会议纪要、协调会议纪要和研讨会议纪要4个类别。

（1）办公会议纪要：用于记载和传达领导机关在办公例会上讨论、通过的会议决定和决议事项。

（2）工作会议纪要：用于传达重要的工作会议的精神与议定事项，对其工作具有政策性与指示性的作用。

（3）协调会议纪要：用于记载协调会议中取得的共识与议定事项，对相关单位或部门人员具有约束力。

（4）研讨会议纪要：用于记载研讨会议或总结交流会议中的各项情况，以便指导后续工作的开展。

6.15.2 写作要点——纪要的结构和写作技巧

纪要的结构由标题、文号、成文时间、导言、正文和结尾6部分组成。下面将具体介绍纪要的结构和写作技巧。

1. 标题

纪要的标题有两种形式，具体说明如下。

（1）会议名称+文种：如《××会议纪要》，也就是在"纪要"二字前面加上会议的名称，会议名称可以简写，也可以用会议地点作为名称。

（2）会议内容+文种：如《关于××(会议内容)会议纪要》。

2. 文号

纪要的文号一般写在纪要标题的正下方，由年份和序号组成，用阿拉伯数字标出，并用"〔〕"括入年份，例如〔2021〕13号。值得注意的是，办公会议纪要并不会对文号做过多要求，一般标注"第××期""第××次"。

3. 成文时间

纪要的成文时间可以用阿拉伯数字写在标题下方，也可以写在正文右下方，如2022年5月4日。

4. 导言

纪要的导言是对会议内容的简略概括，如介绍会议基本情况，包括会议的背景、形式、会议的主旨思想、目的，会议的时间、地点等基本信息，会议的主要议题以及会议得出的结论和评价。

5. 正文

纪要正文部分的撰写需要重视客观实际，反映出会议的全貌，具体包括以下几方面内容。

（1）从实际出发，客观记录会议的具体内容，抓住会议的中心思想、中心理论，条理清楚地对其进行记录。

（2）对会议内容进行概括，尤其是会议共同决定的议项，真实地反映会议全貌，对于没有解决或者有分歧的问题，需要分别进行记录，并标注出分歧之处。

（3）采用"会议指出""会议认为""会议强调"等关键词，强调会议内容。

（4）拟写者可以对介绍性的文字进行自由叙述，但是引用的文字必须要根据原文来拟写，绝不能篡改。

6. 结尾

纪要的结尾处一般是提出希望和号召，主要是根据会议内容和纪要要求来提出。

7. 写作技巧

在拟写纪要时，可掌握一定的写作技巧，使行文流畅。关于纪要的写作技巧详细内容如下。

1) 写前准备充足

纪要是以会议记录为基础的写作，因此在拟写前需做足会议准备，包括明确会议的目的、主旨、主要任务和具体的形式等所有的会议信息，以做到拟写有依据。

> **专家提醒**
>
> 需要注意的是，会议记录与纪要是有区别的，它们具有不同的功用：会议记录只是客观地记录会议中每个人的发言，属服务范畴；而纪要则在集中反映会议议定事项的过程中兼具指导和规范作用。对记录与纪要的分析，大家可以进入笔者的百家号"体制百晓吴聊先生"查看更多内容。

2) 主旨突出，布局得体

纪要的目的在于反映会议情况、指导工作等，因此需要详细陈述会议的目标、会议的建议、形成的指导性意见等。在内容布局上，纪要可按照"引言、正文、结尾"的结构来拟写，形成一定的内在逻辑串联全文。

3) 规范用语，文字简明

纪要的称谓特殊性要求，在写作纪要时采用第三人称"会议"，以示强调，在具体拟写时，应规范这类用语，多使用"会议强调""会议传达"等文字。

第 7 章

事务类公文的写作

　　事务类公文服务于纷繁复杂的工作事项或工作任务,它包括工作前的计划拟定、工作中的情况反馈以及工作后的总结 3 个方面的内容。本章将具体介绍事务类公文的内容概述及写作方法。

7.1 工作要点——未来计划，罗列说明

工作要点，即关于工作方面的事项。工作要点主要是针对未来工作、计划等作简要说明的事务性公文。本节将对工作要点的具体内容和写作方法等进行介绍，以便大家更好地掌握。

7.1.1 基本概述——工作要点的特点和类别

要想深入了解工作要点，首先应该明白工作要点的特点和种类等，下面一一进行介绍。

1. 主要特点

工作要点是对未来的一种计划性公文，具有 5 个特点，具体如图 7-1 所示。

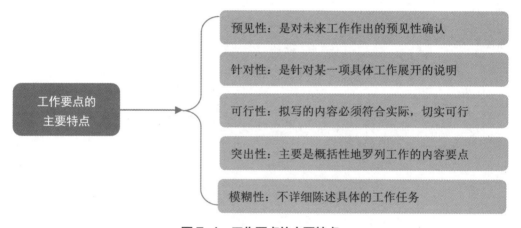

图 7-1 工作要点的主要特点

2. 主要类别

工作要点的类别多种多样，具体如下。

- 从内容上看，工作要点可分为学习活动、工作活动等工作要点。
- 从应用上看，工作要点可分为部门、单位等制定的工作要点。
- 从时间上看，工作要点可分为周、月、年等工作要点。

7.1.2 写作要点——工作要点的结构和写作技巧

工作要点的结构一般包括标题、正文和落款 3 部分。下面将从工作要点的结构和

写作技巧两方面，简要地介绍工作要点的写作要求。

1. 标题

相较于法定类公文来说，工作要点是没有文头的，无法一眼就知晓其责任归属，因此在标题部分有必要加以标注。从这方面来看，工作要点的标题主要应包括 3 个要素，即发文单位、适用时间和文种，如《×省×市×局××××年工作要点》。

2. 正文

与法定类公文不同，工作要点的标题之后一般是正文，没有发文字号和主送机关。工作要点的正文一般包括两方面的内容，即前言和主体，详细内容如下。

（1）前言：并不是所有的工作要点都有前言，如果有前言，那么就应该在这一部分交代清楚拟写工作要点的意义、依据、指导思想和要求等。

（2）主体：这一部分是正文的核心，是对各个要点内容的简单概括和逐条陈述。在拟写正文部分时，应当注意以下几点。

- 各个要点是概括的，起提纲挈领的作用。
- 各个要点是分开的，无须过渡和对应。
- 内容的层次是灵活的、跳跃性的。
- 在思路结构上不要求有连接，允许有跨度。

3. 落款

工作要点的落款要视标题而定。当标题中注明了制定的单位和时间，则没有必要再在文后加落款；反之，则需要注明。

4. 写作技巧

尽管工作要点在层次结构和思路上存在很大灵活性，但并不是材料的胡乱堆砌，在拟写时仍需遵守一定的原则和掌握一些写作技巧。

关于工作要点拟写需要掌握的原则如下。

（1）对上负责原则：工作要点要贯彻党和国家的有关政策和精神，体现出对上负责的原则。

（2）突出重点原则：工作要点无须长篇大论，把未来工作的重点写下来，详略得当即可。

（3）切实可行原则：拟写的要点内容需要符合实际情况，是切实可行的。

（4）集思广益原则：工作要点关系到未来的工作实施，因此要广泛地听取他人的意见，切忌带有强烈的个人主观主义。

（5）防患未然原则：工作要点是计划类公文的拟定，需考虑到具体实施可能会遇到的偏差，并提供相应的预防措施。

在遵守相关原则的基础上，拟写者可通过掌握一定的技巧来拟写工作要点，具体如图 7-2 所示。

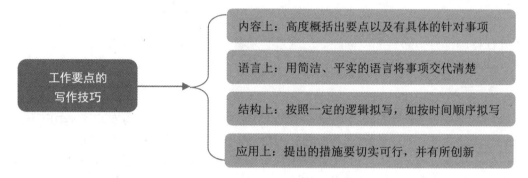

图 7-2　工作要点的写作技巧

7.1.3　范文分析——《农委××××年安全生产工作要点》

在党和国家的各级各类机关中，关于未来的同一项工作，不同层级的部门和单位一般会制定本部门和单位的要点，以便计划好工作。下面以《农委××××年安全生产工作要点》为例，具体介绍部门工作要点的写作模板，如表 7-1 所示。

表 7-1　部门工作要点的模板

标题		农委××××年安全生产工作要点
正文	前言	××××年安全生产工作总体要求是：深入贯彻党的××大和××届×中、×中、×中全会精神，牢固树立安全发展理念，坚持××利益至上，强化"红线"意识，以开展安全生产"铸安"行动为总抓手，……，有效防范和坚决遏制较大的事故，大力促进全县农业安全生产形势持续稳定好转，确保"×××"安全生产工作开好局、起好步。
	主体	一、着力强化农业安全生产责任体系建设 1. 按照"党政同责、一岗双责、失职追责"的要求，严格落实…… 2. 改进和创新安全生产目标管理…… 3. 强化问责…… 二、着力开展安全生产"铸安"行动 1. 深化"打非治违"专项行动…… 2. 全面深化隐患排查治理……

续表

正文	主体	3．强力推进重点行业领域专项整治…… 三、着力提升事故应急处置能力 1．加强应急管理体系建设…… 2．完善预案管理工作…… 四、着力推进安全宣传培训教育 1．深入开展宣传教育培训…… 2．加强安全生产专业技术人才执法培训…… 五、着力谋划科学制定安全发展规划 做好农业安全生产"十三五"规划编制……
落款		××生产部门 ××××年×月×日

【分析】这是一篇关于农业安全生产的工作要点。文章开篇提出了制定工作要点的政策要求、指导思想和依据，以及未来的工作要求和目的，是全篇的前言部分。接下来针对各个具体要点，拟写者分为 5 类来归纳和呈现：体系建设、"铸安"行动、应急处置能力、安全培训教育和制定安全发展规划，其要点齐全，简单明确，谈而不详，点到即止。

7.2　工作计划——事先拟定，有序进行

在开展工作的过程中，有一个合理的工作计划能够帮助工作有序地进行，从而达到事半功倍的效果。工作计划是事务类公文的一种，其拟写有相应的写作要求，本节将具体介绍工作计划这一公文文种。

7.2.1　基本概述——工作计划的特点和分类

工作计划是在工作开展之前拟定的关于具体内容和设计安排的公文文种，属于事务类公文范畴，它是一种在实际工作和生活中有着广泛应用的公文，具有以下 4 个主要特点。

(1) 预见性：工作计划是对未来工作的事先拟定，具有预见性。
(2) 针对性：工作计划是对某一项具体工作任务或某一专业领域的工作进行事先拟定，因而具有特定的针对对象。
(3) 可行性：计划的制订需结合实际情况，可操作性强。
(4) 约束性：计划的制订对于今后工作具有一定的规范与制约。

工作计划存在不同的分类标准和方法，如内容、任务类型等，详细内容如下。
(1) 从内容上，工作计划可分为社会发展工作计划等综合性计划和生产工作计划

等单项计划。

(2) 从任务类型上，工作计划可分为日常工作计划、临时工作计划等。

7.2.2 写作要点——工作计划的结构和写作技巧

标题、正文和落款 3 个部分构成了工作计划的全部内容。下面将从工作计划的这 3 个部分以及写作技巧等方面进行介绍。

1. 标题

工作计划的标题从其组成要素来看，主要包括发文单位、时限、事由和文种，它们共同构成了工作计划的标题"四要素"。

2. 正文

工作计划的正文一般包括开头、主体两方面内容，其中开头部分是对工作计划指导思想的陈述，是工作计划的思想基础和依据。正文的主体部分，应在 3 个方面予以具体介绍，如图 7-3 所示。

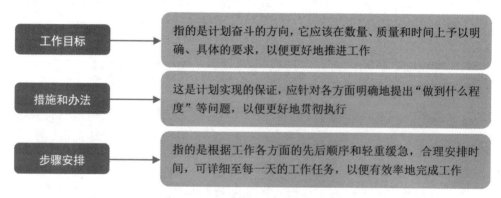

图 7-3　工作计划的正文主体部分

3. 落款

工作计划的落款一般需注明单位名称和时间，当工作计划需要上报或下达时，还应加盖公章。

4. 写作技巧

在写作工作计划的过程中，应该从 3 个方面加以注意，具体如下。

1) 实现上情与下情的紧密结合

这是从工作计划的内容上来说的，一方面，对上级的政策、规定、要求了解清楚；另一方面，全面了解本单位、本部门的实际情况，然后找准上级要求与部门实际情况的切合点进行工作计划的安排和拟写。

2) 工作计划要切实可行

这是工作计划制订的标准,只有能够具体实施的计划才能称为"工作计划",否则就是空想。而保证工作计划的切实可行,就需要在内容上确定目标,并针对目标制定具体可行的措施。

3) 语言要求简明扼要

在语言表达上,工作计划要简练、具体明确。工作计划是给未来的工作提供具体实施的指导和方向的公文,它一方面要求读者能够看懂,了解工作安排;另一方面,它不是实施过程,不是越详细越好,需要用最精练的语言准确地表达计划内容。

7.2.3 范文分析——《××××年度学校安全工作计划》

工作计划按照时间分类,可分为周工作计划、月工作计划、季度工作计划和年度工作计划等。其中,以一年时间为限的称为年度工作计划。这类工作计划较周工作计划、月工作计划更具大局性。一般来说,它或是从整体的指导思想、工作目标和具体措施等方面来描述,或是在指导思想、工作目标的基础上,以年、月等为单位进行工作的具体安排。

下面以《××××年度学校安全工作计划》为例,具体介绍年度工作计划的拟写模板,如表7-2所示。

表7-2 年度工作计划的模板

标题	××××年度学校安全工作计划
正文	一、指导思想 本着"安全第一,预防为主,综合治理"的原则,全面加强学校的安全工作,坚持预防为主、防治结合、加强教育,增强…… 二、工作总目标 认真学习上级部门的……,建立并完善学校…… 三、具体措施 1. 提高认识,增强责任感和使命感…… 2. 严格落实安全责任制和责任追究制,健全管理…… 3. 扎实开展安全教育…… 4. 将检查作为做好安全工作的一个重要方面…… 5. 细化安全管理,注重安全防范,切实保证学生在校园内的安全工作…… 6. 加强班级点名记录,对缺席的学生…… 7. 利用家长会、家访等途径…… 8. 设置不同年级错开放学时间……确保学生安全到家。 ……
落款	××××学校 ××××年××月××日

【分析】这是一篇年度工作计划，重点在于对学校安全教育工作制订好工作计划。从整体来说，这篇工作计划有 3 个值得借鉴的地方，即在结构安排上，全篇由指导思想、工作总目标、具体措施 3 个部分组成，符合工作计划的格式和写作要求；在内容上，这篇工作计划既是切实可行的，又实现了上情与下情的紧密结合；在语言上，这篇工作计划运用精练、准确的语言进行说明，表述清晰。

7.3 方案——全面部署，方向指引

方案是一种比较复杂的计划类公文，相较于工作要点和工作计划来说，其内容更为具体。本节将介绍方案的基本内容和具体的拟写方法。

7.3.1 基本概述——方案的主要特征和分类

方案作为一种计划类公文，是本单位或上级对下级针对某项工作作出的总体筹划和全面部署。在方案的内容中，主要是对工作的目标要求、方式方法和具体进度等进行陈述。它是作出方向性指引的公文。

方案具有 4 个方面的特征，具体如图 7-4 所示。

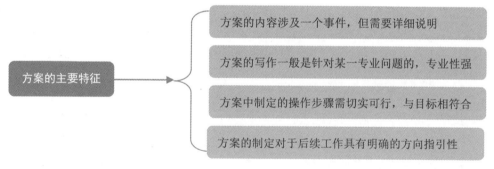

图 7-4 方案的主要特征

方案按不同的标准，可分为不同的类别，具体如下。

- 按内容划分，方案可分为工作方案、生产方案、学习方案和科研方案等。
- 按适用范围划分，方案可分为党政机关的方案、上级机关的方案、本级机关的方案和下级机关的方案等。
- 按实施后的状态划分，方案可分为静止的方案、动态的方案等。

7.3.2 写作要点——方案的结构和写作技巧

方案的主要结构组成有标题、正文和落款 3 个部分。下面将从方案的结构和写作

技巧两方面进行具体介绍。

1. 标题

方案的标题有 3 种表现形式，具体如下。

（1）发文机关+事由+文种：如《××××教育局关于教育培训机构改革方案》。

（2）时间+事由+文种：如《××××年人才培养方案》。

（3）事由+文种：如《××××咖啡营销方案》。

2. 正文

方案的正文由前言和主体两部分构成，具体内容如下。

（1）前言：一般准确、概括性地写明写作缘由、背景和依据等。

（2）主体：一般包括方案的指导思想、主要目标、实施步骤、工作要求等方面的内容。

其中，在拟写方案的主要目标时，应分清楚总目标和具体目标；在拟写实施步骤时，应突出重点，并写清楚具体如何实施。

3. 落款

落款一般包括制定方案的单位名称和成文时间。

4. 写作技巧

拟写方案，与其他公文一样，是有一定的写作技巧的，具体说明如下。

1）明确组织领导

在一个具体的工作或活动中，不同的人会有不同的分工，因此在方案中，一般会明确其工作机构、参与单位和参与人员，做好责任分工，确保方案实施。

2）工作要求全面

在方案拟写中，要对其要求作出明确、全面的指示，一般应包括表明工作地位的受领导重视方面、把工作落到实处的明确责任方面，以及了解情况与进程的加强督促方面，这些都应该在工作要求中加以体现和注意。

3）时间安排要具体

一项工作从开始到结束，有着不同的阶段，在这些阶段中，又各自有着不同的工作目标和任务，因此方案要把这些工作目标和任务按照时间顺序具体陈述出来。

4）拟写应具有开创性

为了提升拟写的速度，有些方案拟写者总是会在旧的方案中进行局部改动，把新的内容硬套进去，其实这违背了方案开创性的要求，不利于工作的顺利开展。

5）实施的可行性和协调性

在实施方案时，一方面，注意方案是符合实际情况的，是科学可行的；另一方面,拟写者应该注意实施单位的多少和交叉情况,保证各单位、各部门之间工作的协调。只有在这两个方面加以注意,才能确保方案顺利实施。

7.3.3 范文分析——《全民健康大讲堂活动实施方案》

方案按其内容划分,有会议方案、工作方案、活动方案等不同的种类。下面以《全民健康大讲堂活动实施方案》为例,具体介绍活动方案的写作模板,如表 7-3 所示,希望大家举一反三,顺利掌握方案的写作技巧。

表 7-3 活动方案的模板

标题		全民健康大讲堂活动实施方案
正文	前言	为全面深入开展全民健康生活方式,进一步提升我县居民的健康素养水平,促进我县慢性非传染性疾病综合防控示范区创建工作顺利开展,根据《省××××—××××年全民健康生活方式行动实施方案》(苏卫疾控〔××××〕×号)、《市政府办公室关于印发市慢性非传染性疾病综合防控示范区创建工作实施方案的通知》(宿政办发〔××××〕×号)和推进"健康"建设总体要求,结合我县实际情况,特制定本方案。
	主体	一、活动目标 (一)总体目标 1.(略) …… (二)主要指标 1.(略) …… 二、活动内容 以《健康生活方式核心信息》等知识为主,传播健康教育和健康促进知识,确保每个人都能…… 1.(略) …… 三、具体工作任务 根据不同受众群体的不同特点、不同需求,开展形式多样、分层分类的专题课堂,以现场体验、专家授课、医师宣教、观看培训视频等多种形式,形成专家、医务工作者、单位员工、辖区居民积极参与的良好氛围,让群众在家门口收获便捷、优质、可互动的医疗卫生资讯。 (一)社区健康大讲堂(略) …… (五)学校健康大讲堂(略)

续表

正文	主体	四、活动流程 1. 各单位成立健康大讲堂活动领导小组，制订工作计划方案，确定大讲堂课程； …… 五、职责分工 1. 县卫计委负责全县健康大讲堂活动的组织领导和统筹安排工作； …… 六、工作要求 (一)成立领导组织(略) (二)提高认识，高度重视(略) (三)精心组织，确保成效(略) (四)加强管理，严格考核(略)

【分析】这是一篇关于全民健康大讲堂活动实施的方案。在这一方案中，具体陈述了活动目标、活动内容、具体工作任务、活动流程、职责分工和工作要求6个部分，且对这一活动的主要内容进行了方案的拟订。

另外，针对各部分的具体情况，该方案也分条列项进行了介绍，如活动目标，从总体目标和主要指标两个方面分条介绍；又如工作任务方面，分不同场所进行介绍，从中可见该方案拟写的具体性和全面性。

7.4 安排——短期计划，具体实施

安排是针对某一项工作或活动制订的短期内的、临时性的计划，它是一种计划类文书，涉及范围较小，相当于工作计划中一个小的"分支"。本节将介绍安排的具体内容和写作方法。

7.4.1 基本概述——安排的主要特点和分类

安排属于事务公文中的计划类文书，它带有计划类文书的共性，同时也具有自己的一些特点，即形式简明、事项单一、时长较短以及措施具体等，具体内容如下。

(1) 形式简明：指的是安排是关于某一具体事项作出的计划，因而在形式上不需要阐明目标要求、实施意义等，只需开宗明义，明晰主要的安排事项，重点将要求、措施明确即可。

(2) 事项单一：指安排涉及的对象是就某一项具体的工作或活动而言的计划，是工作计划的分支，一个分支即一个安排，重点围绕同一个工作中心列明所需实施的

事项。

(3) 时长较短：相较于工作计划常以"年"为单位，安排的时间要求多以"日""月""周"或"一段时间"为期限，其时长要求较短。一般情况下，安排的内容涉及多为短期内的工作，但也存在具体如图7-5所示的两种特殊情况。

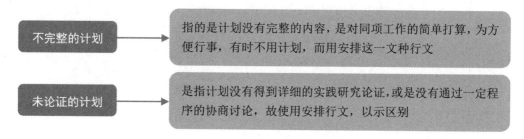

图7-5 使用安排文种的特殊情况

(4) 措施具体：因安排的涉及范围是具体的某一工作，其所列明的措施或要求会比较具体，更具可行性，且一般在实施过程中不会有太大的变动。

安排就其涉及的范围划分，可分为学习安排、生产活动安排和会议日程安排等。

7.4.2 写作要点——安排的结构和写作技巧

安排的内容结构较为简单，通常只有标题和正文两个部分，落款可视情况注明或省略。下面就安排的结构和写作技巧两个方面进行具体阐述。

由于安排涉及的范围较小，只用作单一事项的工作安排，因此具有两种发文形式，具体如下。

- 一种是上级对下级安排工作，采用安排行文，以"文件"的形式下发，其格式包括标题和正文两部分。
- 另一种是单位内部的工作安排，采用安排行文，一般由标题、正文和落款3部分构成。

1. 标题

安排的标题有两种写作形式，具体如下。

(1) 采用标题"三要素"的写法，即"发文机关+事由+文种"形式，如《××市关于××的工作安排》。

(2) 省略机关名称，即"事由+文种"形式，如《××××年科技工作安排》。

2. 正文

安排的正文由3部分组成，即开头、主体和结尾，如图7-6所示。

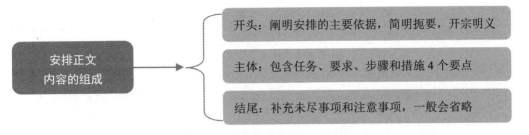

图 7-6　安排正文内容的组成

3. 落款

落款包括发文单位和发文时间，主要用于单位内部的安排，需予以注明。

4. 写作技巧

安排的结构形式虽简明扼要，但在拟写时仍应掌握一些写作技巧，以便更有效率地行文。具体写作技巧如下。

1) 确定适用范围

使用安排这一文种行文时，首先要注意区分计划与安排，当所需制订计划的工作事项或活动要求时长较短，涉及同一具体事项并且事项内容比较简单时，可考虑使用安排行文，以免错用文种。

2) 内容突出重点

安排内容上的重点多在于具体实施的主要措施或步骤，因而在拟写时可详细写明实施的措施、步骤等，一项任务对应一项措施，条理清晰，要点突出。

3) 措施具体可行

因安排的形式要求简明扼要，且涉及范围小、事项详细，因而在措施上应具体且具有可行性，以便更好地实施。

7.4.3　范文分析——《商贸流通工作安排》

安排按其适用范围可划分为多种不同的类型，最常见的是生产活动方面的安排，其中商贸往来为生产中重要的一环。下面就以《商贸流通工作安排》为例，为大家介绍安排的写作模板，如表 7-4 所示。

表 7-4　生产活动安排的模板

标题	商贸流通工作安排
正文	一、指导思想 坚持以科学发展观统领商贸流通全局，积极落实国家扩大内需的新举措，以全县旅游产业开发和市场建设为契机……为全县社会各项事业的发展作出积极的贡献。

续表

正文	二、目标任务 全县社会消费品总额在去年的基础上增长…… 三、工作重点 (一)全力做好家电下乡工作,把党和国家的惠农政策落到实处。对农民购买冰箱、彩电、洗衣机等产品给予消费价格补贴…… (二)加快流通体系建设,全力拉动市场消费。商贸部门要加快商贸网点建设,力争在年内在民生市场建成一个中型超市…… (三)加快发展现代服务业,促进城市升级消费。建设、运营部门促进城乡公共交通向周边乡镇辐射延伸…… (四)建立优化市场的长效机制,全力开展马路市场的专项整治活动。针对"乱摆摊""乱停车""乱搭棚""乱倒垃圾"等现象,建立集中整治小组严格履行职责…… (五)加大市场监管和执法力度,切实维护市场秩序…… 四、工作措施 (一)加强组织领导,靠实工作责任,各部门尽职尽责,相互支持…… (二)抢抓政策机遇,强化项目的论证争取。商务部门要坚持…… (三)加大投入,落实各地优惠政策。商务部门积极申报和争取…… (四)转变经营理念,提高服务水平。商务部门在年内要从……

【分析】这是一篇与经济活动相关的生产工作安排,全文就商贸流通这一具体工作进行陈述:开篇说明了安排的指导思想;接着交代了工作任务要求;然后分条列项地指出了工作重点;最后结合工作重点进行了工作措施说明,一项工作要点一项措施,且措施比较详细,可实施性强。通篇内容详略得当,表述明确,重点突出。

7.5 工作总结——回顾总述,取长补短

工作总结是对过去已完成的某一阶段的工作进行回顾、总述与分析的事务类公文,它的存在主要是通过总结与分析,来提高拟写者对工作的认识,并指导之后的工作。本节将具体介绍工作总结的写作方法。

7.5.1 基本概述——工作总结的特点和分类

工作总结主要是通过回顾过去工作,取长补短,以起到指导今后工作的作用。工作总结具有 3 个特点,具体如图 7-7 所示。

工作总结可以从内容性质、适用范围和时间等方面划分成不同的类型。

(1) 从内容上,工作总结可分为综合总结和专题总结两类,详细内容如图 7-8 所示。

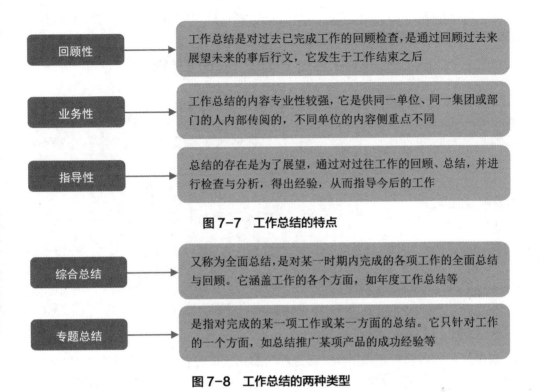

图 7-7 工作总结的特点

图 7-8 工作总结的两种类型

(2) 从范围上,工作总结可分为全国性总结、地区性总结、部门性总结、本单位总结和班组总结等。

(3) 从时间上,工作总结可分为年度总结、月总结、季度总结、周总结和阶段性总结等。

7.5.2 写作要点——工作总结的结构和写作技巧

工作总结的结构一般包括标题、正文和落款 3 部分,下面就工作总结的结构和写作技巧两个方面进行详细介绍。

1. 标题

工作总结的标题形式不定,能够表达出完整的意思即可。一般来说,一个完整的工作总结的标题包括单位名称、时间、事由和文种 4 部分,但有些部分也可省略不写,或用副标题的形式补充。

2. 正文

工作总结的正文部分即主要工作内容的概括,一般包括前言和主体两部分,具体内容如下。

(1) 前言：前言即前情提要，交代总结的基本信息和基本情况，如工作性质、时代背景、总结的目的等，简明扼要地导向主体内容。

(2) 主体：主体部分的内容包括所做的工作、取得的成绩、经验教训和今后工作的展望等。主体部分有3种写作形式，具体如图7-9所示。

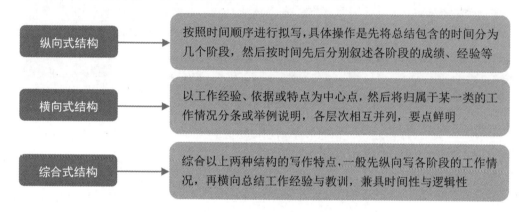

图7-9 工作总结主体内容的写作形式

3. 落款

总结的落款包括署名和日期。若是单位总结，单位名称一般在标题中或标题之下注明；若是个人总结，署名与日期均在正文结束后的右下方。有些总结随文发送，可不标注落款。

4. 写作技巧

为更快地拟好一篇工作总结，拟写者应掌握一些写作技巧，详细内容如下。

1) 提炼材料

当一定阶段内完成的工作相对复杂或烦琐时，全部写入总结会导致冗杂，因此在动笔之前需要对工作内容进行筛选，将工作任务、工作要点概括性地提炼出来，保留具有彰显性的内容，修剪"末端枝叶"。

2) 突出重点

完成的工作必然有轻重之分，将提炼出的材料按照主要方面与次要方面的工作进行归纳与总结，抓住重点，详略得当。且条理清晰地说明会给人一目了然之感，也会对后续工作发挥更好的参考性。

3) 体现特色

特色，即区别不同事物的特征，总结的拟写需要体现出特色，这是单位或个人具有独一无二不同方式行事的表现，其获得的经验与感悟也会有所不同。拟写总结可在整合材料的基础上，认真比对与分析，找出特别之处，即特色所在。

4) 实事求是

实事求是体现在总结已完成的工作中，既是对所取得的工作成绩的如实说明，又是对工作中出现的问题、存在的不足等的客观评价，一切从实际出发，以达到正确的认识和形成实打实的经验，对后续工作的推进也有更好的指引作用。

5) 语言风格

拟写总结时，可按照个人的语言风格，或优美，或严肃，但需在语言流畅的基础上进行写作。在内容的衔接上、材料的组合上、观点的呈现上等方面，尽量做到独具一格，令人耳目一新。

7.5.3 范文分析——《学生会办公室学期末总结》

部门性工作总结是对所属部门工作的阶段性总结，一般以一个年度或一个季度为时间单位进行总结。下面以《学生会办公室学期末总结》为例，为大家介绍部门性工作总结的模板，如表 7-5 所示。

表 7-5 部门性工作总结的模板

标题		学生会办公室学期末总结
正文	前言	时光荏苒，岁月如梭，本学期的办公室工作已接近尾声，在不断进步和发展的新一届学生会团体中，办公室秉着学生会勤奋、进取、求实、奉献的原则，出色地完成了本学期的工作计划……
	主体	一、基础工作的定型与完善 根据之前工作经验的积累与本学期在工作中的完善，外联和文档两组的工作都较为成熟。外联的职能得到了明确，文档组妥善地将文件存储…… 二、从辅助到主办的跨越 之前办公室因工作性质的原因，很少举办大型活动，在本学期有了很大的转变。开学之初，与各部门承办了迎新晚会…… 三、新闻宣传 本学期办公室承担着新闻宣传部的职能，主要负责学生会活动的追踪报道，……对校内各项活动起到了积极有效的宣传作用。 …… 四、不足 办公室工作的出色完成中也伴随着一些不足有待改正。如举办活动的经验不足；管理制度需完善；办公室人员整体素质需提高…… 五、期待 在新的一年中，办公室全体成员将在主席团的正确领导下，进一步发扬优势，克服不足，创新工作，取得更优异的成绩……取得更辉煌的成绩！
落款		××学生会办公室 ××××年×月×日

【分析】这是一篇学校学生会办公室部门的工作总结,前言部分简要论述了学生会办公室工作的告一段落,正文主体部分采用横向式结构拟写,以工作的经验为中心横向列出办公室所做的工作要点,然后指出了工作的不足以及后续工作的展望,逻辑清晰,条理清楚,语言流畅可读性高,为优质范文。

7.6 汇报——自我评价,汇总陈述

汇报属于报告类文体,指的是下级工作人员将自己的工作情况、品德素养等汇总向上级领导陈述的一种事务类公文。本节将具体介绍汇报的写作方法。

7.6.1 基本概述——汇报的主要特点和作用

汇报与总结一样,是一种事后行文,因此带有总结性文体的特点,同时也具有自身的一些特点,具体如图 7-10 所示。

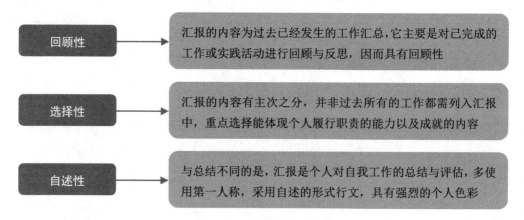

图 7-10 汇报的主要特点

汇报具有信息共享、让领导有参与感、审视工作等作用,具体内容如下。

(1) 汇报工作是工作的组成部分,能够发挥信息共享的作用。下级工作人员向领导汇报工作,有助于领导随时掌握工作进度,从而保证信息畅通。

(2) 汇报工作能够让领导有参与感,使领导感到被尊重。下级工作人员在汇报工作的同时,使得领导参与到工作中,当工作有困难时,领导可调动资源给予帮助,且领导可以随时掌握其工作动态,增加领导对工作人员的信任感。

(3) 定期汇报可帮助我们形成定期审查工作的习惯,自己的自我反省与领导的建设性意见相结合,可使得工作具有明确的方向,以确保工作顺利进行。

7.6.2 写作要点——汇报的结构和写作技巧

汇报的结构由标题、称谓、正文和落款 4 部分组成。下面将具体介绍汇报的结构和写作技巧，帮助大家更好地掌握汇报的写作方法。

1．标题

汇报的标题一般由时间、汇报者(制发单位)、事由和文种 4 部分构成，如《××体育局上半年体育工作汇报》。

2．称谓

称谓是对听其汇报的人的称呼，可视汇报场合和听众对象而定。称谓在标题之下顶格书写，一般口头汇报中需要，书面汇报可不写。

3．正文

汇报的正文包括前言、主体和结尾 3 个部分，具体内容如图 7-11 所示。

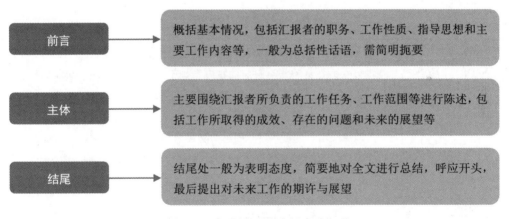

图 7-11　汇报正文内容的 3 个部分

4．落款

汇报的落款应注明汇报者的姓名、单位名称或部门名称以及汇报时间。

5．写作技巧

在拟写汇报中，有必要掌握一定的写作技巧，以便顺畅地行文，具体阐述如下。

1) 明确目的

在拟写汇报之前，应事先想好这次汇报需达到一个什么样的目的，并以此为主题思想组织材料，贯穿汇报全文。

2) 抓住重点

主次分明,重点突出,是一篇优秀汇报的范式。在拟写过程中,以汇报的目的、领导的要求为指引,找出自己认为重要的工作内容详细地汇报,次要的工作内容简略说明,令人一目了然。

3) 实事求是

实事求是是汇报工作的基本原则,也是个人职业素养、职业道德的体现。对于所汇报的内容必须是真实有效的,不得随意捏造。

7.6.3 范文分析——《××乡优化人居环境工作汇报》

汇报与工作总结虽同为总结类文体,但在具体的写作中是有所区别的。汇报主要是关于工作情况的自我总结与评价,侧重于让上级领导知晓工作情况;而工作总结对工作情况的汇总侧重于通过总结经验从而指导今后的工作。

下面以《××乡优化人居环境工作汇报》为例,具体介绍汇报的写作技巧,如表 7-6 所示。

表 7-6　工作汇报的模板

标题		××乡优化人居环境工作汇报
正文	前言	今年以来,在县委、县政府的正确指导下,在上级有关部门的大力支持下,我乡认真贯彻××××的工作要求,按照"突出重点、示范带动、整体推进"的原则,着力优化人居环境,取得了一些成效,现将工作汇报如下:
	主体	一、以源头治理为重点,牢固思想防线 (一)分工明确,组织到位。成立了以乡委书记为组长的领导小组…… (二)强化宣传,动员到位。积极劝导群众垃圾分类…… 二、以优化环境为目标,健全基础设施 (一)健全基础设施。设置专项基金购买垃圾回收车…… (二)推进项目建设。垃圾集中处理场征地工作…… 三、以督查考评为抓手,构建长效机制 (一)实行交流检查。先后组织各村五大主干对 7 个村进行交流检查…… (二)坚持明察暗访。每个月由乡同治办分别对各村进行综合考评…… (三)落实惩罚制度…… 虽然我们做了一些工作,但离县委政府的要求、人民群众的期望还有很大差距……

续表

正文	结尾	四、下一步工作打算 (一)着力强化教育劝导。全乡上下要牢固树立大局意识和责任意识…… (二)着力整治环境卫生。全面实施乡村垃圾大清扫……落实每日清洁任务,确保各村寨环境整洁。 (三)健全乡镇基础设施。 …… 恳请解决的问题: 为加快建设我乡同建同治示范乡建设,结合乡实际情况分析,主要存在 4 个方面的问题。恳请县委、县政府给予帮助和支持。 　1．绿化。各街道的绿化工作…… 　2．亮化。主街道路灯的使用期长…… 　3．硬化。乡境内公路部分已损坏…… 　4．美化。建设乡大型集中垃圾焚烧炉……
落款		××乡××部 ××××年×月×日

【分析】这是一篇乡镇治理环境污染的工作汇报,前言部分指出了指导思想与工作依据,并用"现将工作汇报如下"的字样引出下文;主体部分分条列项地概括了工作的主要要点;结尾处说明了今后的工作期待以及写明了需要领导支持的详细问题。通篇条理清晰,重点突出,能够十分清楚地让领导明晰所做的工作。

7.7 简报——简要报道,知晓动态

简报即简单的工作情况报道,可用于党政机关、社会团体和企事业单位下级向上级报告工作情况、上级向下级传授经验以及平级单位间互通信息等。本节将具体介绍简报的写作方法。

7.7.1 基本概述——简报的主要特点和分类

简报的应用范围比较广泛,适用于各种不同层级的单位陈述工作情况、指导工作完成或是分享工作信息等。简报具有如图 7-12 所示的几个特点。

简报按照其内容性质的不同,可分为如下 4 种。

(1) 工作简报:主要用来反映工作的进行情况,交流工作经验或指出工作中存在的问题等,是简报的常见形式之一。

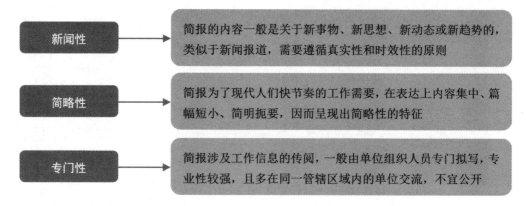

图 7-12 简报的主要特点

(2) 会议简报：顾名思义，这是关于会议情况的简要报道，主要包括会议报告、讲话的内容、会议决议和讨论发言等与会议相关的内容。会议简报主要服务于会议，会议结束即简报停办。

(3) 专题简报：主要针对某项工作、任务或活动而写的，用作表述某项工作、任务或活动的进展情况，有较强的针对性。

(4) 综合简报：是着重反映本单位、本系统的思想、经济、文化等多方面情况的综合性简报，可为领导及相关部门提供第一手资料，向群众汇报工作、学习、思想等方面的最新动态。

7.7.2 写作要点——简报的结构和写作技巧

简报的结构包括报头、报核和报尾 3 部分，拟写简报时需要对这 3 部分进行掌握。下面将具体介绍简报的结构要求和写作技巧，帮助大家更好地掌握简报的写作方法。

1. 报头

简报的报头包括简报名称、期数、编发机关等要素，具体内容如下。

(1) 简报名称：字体通常为大号，且采用类似套红印刷的方式。若需要增加内容，则在名称或期数下面注明"增刊"或"××专刊"。秘密级别在左上角标明，或写明"内部文件""内部资料"等字样。

(2) 期数：用圆括号括入，写在名称的下一行。

(3) 编发机关：一般为"××秘书处""××办公室"等，标注在期号之下、间隔横线上方左侧。

(4) 编发日期：在编发机关右侧注明。

2. 报核

报头之下，用一道横线间隔，横线之下便是报核。报核由标题、目录和正文 3 部分组成，具体内容如下。

(1) 标题：简要概括出正文陈述的核心内容。

(2) 目录：针对简报文稿过多的情况，在报头之下设计"目录"一栏，充当"导航"作用。

(3) 正文：为简报的核心部分，具体写作可以遵循以下逻辑。

- 首先，开头简要概述事件的基本情况、事实依据等。
- 其次，分条列项地详细展开工作内容，层次清晰，条理清楚。
- 最后，指出事件的意义和未来发展趋势，结束正文。

3. 报尾

报核之下，用一道横线间隔，横线之下为报尾。简报的报尾部分标明"报××机关""送××机关""发××单位"等。

4. 写作技巧

拟好简报，除了掌握其内容结构外，还需要运用一定的写作技巧，具体内容如下。

1) 内容真实可靠

简报与新闻报道一样，真实是最基本的特征，因而在拟写简报时，要求内容做到真实可靠，包括材料的选择、工作情况的陈述、所出现的时间或地点等，都需要真实有效、客观存在。

2) 材料简明扼要

简报具有简略性的特征，要求简报所选择的材料是篇幅短小、重点突出的，从而更好地起到传递信息、交流经验的作用。在组织简报中的材料时，可以选择典型的、主题突出的、关键问题显著的材料行文。

3) 语言准确灵活

简报的格式要求其所陈述的内容格式规范，用词准确，特别是不能出现词不达意、语句不通顺、错别字等问题，这是公文写作的基本要求。

简报的语言还应注意具有灵活性，如采用"门难进，脸难看"等这类凝练、生动的语言更能够增添阅读价值。

4) 信息的"新"与"快"

简报重在"简"，也重在"新"与"快"。它要求拟写的信息是反映当下动态的信息，如上级对下级指导工作，通过简报能够及时地传达意图、提供政策方针等。

7.7.3 范文分析——《××学院第一次代表大会简报》

会议简报是用作方针、政策讨论决议的报道，具有广泛性。下面以《××××农业职业技术学院第一次代表大会简报》为例，为大家介绍简报的模板，如表7-7所示。

表7-7 会议简报的模板

报头		××××农业职业技术学院第一次代表大会(套红) 简报(套红大字) (第×期) 党委组宣处　　　　　　　　　　　　××××年×月×日 (横线套红)
报核	标题	食品系召开××××大会讨论××××报告征求意见稿
	正文	×月×日下午，食品系全体党员在406会议室集中学习讨论学院即将召开的第一次××××工作报告的征求意见稿。本次会议由×××主持。 　　全体党员同志在会前已经认真学习了××××工作报告的征求意见稿，同志们对学院即将召开的第一次党代会十分关注…… 　　学院即将召开的第一次党代会是在我院进入新百年、谋求跨越式发展的关键时期召开的一次具有重要意义的会议……食品系党总支全体党员对第一次党代会的顺利召开充满希望。 　　最后×××副书记对参加第一次党代会的各位党员代表提出了殷切期望，希望他们在思想上要高度重视…… 　　食品系党总支预祝学院第一次党代会圆满成功！ (横线套红)
报尾	报	××省委组织部　　省委教育工委　　××农林厅党组　　××市委
	送	各党总支、直属党支部、党委各部门

【分析】这是一篇会议召开征求意见稿的会议简报。通篇格式规范，简明扼要，正文部分遵循了真实性、时效性的原则，对即将召开的会议背景的陈述、会议召开的意义以及预祝会议的圆满成功等内容的阐述真实有效，且逻辑清晰，主题明确。

7.8 述职报告——履职情况，主体自述

述职报告是党政机关领导干部对自己一定时期内履行职责情况的自我评述，它类似于"自我举荐信"，是干部管理与考核的重要依据。本节将具体介绍述职报告的写

作方法。

7.8.1 基本概述——述职报告的特点和分类

述职报告是用作考核干部任职情况、群众发挥民主监督作用的重要依据，具有以下 4 个特点。

(1) 主体自述性：述职报告同汇报一样，一般是述职者以第一人称进行拟写，从干部考核的品德、能力和成绩等方面陈述自己的履职情况。

(2) 内容限定性：述职报告在时间上有额定时间的限制，一般为某一段时间的任职情况；在内容上具体为岗位的职责目标及履职情况。

(3) 以职责为中心：述职报告涉及的范围为个人的任职工作情况，强调个人发挥的作用，重点以岗位职责为中心进行工作情况的阐述。

(4) 与考核相联系：述职报告除了让领导知晓述职者的工作情况之外，还将发挥考核述职者的作用，领导根据述职报告进行打分评定。

述职报告按其工作内容、写作方式等的不同，可划分为不同的类型。

- 按照工作内容和范围的不同，述职报告可划分为专题性述职报告和综合性述职报告。
- 按照写作方式的不同，述职报告可划分为陈述性述职报告和随感性述职报告。
- 按照呈现形式的不同，述职报告可划分为书面报告式述职报告和会议讲话式述职报告。

7.8.2 写作要点——述职报告的结构和写作技巧

述职报告的结构一般由标题、称谓、正文和落款 4 部分组成。下面将具体介绍述职报告的结构和写作技巧。

1. 标题

述职报告的标题有 3 种写作形式，具体说明如下。

(1) 由"任职起止时间+所任职务+文种"构成，如《××××年至××××年任××职务的述职报告》。

(2) 由我的+文种构成，如《我的述职报告》。

(3) 直接写出文种，如《述职报告》。

2. 称谓

述职报告的称谓即对听述职的人的称呼，如"组织部""人事处""党委"等，顶格书写在标题下空 1 行位置。

3. 正文

述职报告的正文是述职的主要内容，一般包括引言、主体和结尾 3 部分，各部分的具体要求如下。

（1）引言：概述任职的基本情况，如何时开始任职、所任何职、期间是否换过职务、作出的成绩和分管的工作等。引言部分概述完成后，用"现在我就履职情况的具体内容报告如下"等类似过渡语引出主体内容。

（2）主体：对引言概述的内容进行详细说明，具体包括如图 7-13 所示的几个方面。

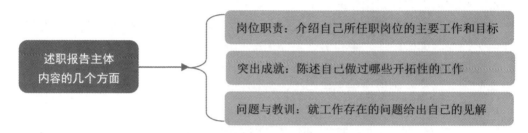

图 7-13　述职报告主体内容的几个方面

（3）结尾：述职者表明自己的愿望和态度，如对这份工作的今后设想、是否愿意继续任职等。

4. 落款

落款包括述职者的单位、姓名和时间，位于正文之后的右下方。

5. 写作技巧

拟写述职报告也有一定的写作技巧，具体内容如下。

1）态度真诚

述职报告是对自己工作情况的陈述，有利于自己工作能力的展现与领导对其工作的认可，且"情寄托于文"，保持真诚的态度与情感是思想的基础，也是行文的必要条件。

2）内容真实

述职的内容是陈述自己做了什么事、做成了什么样、还需要做什么等，如实陈述即可，不能矫揉造作、随意杜撰。实事求是更有助于考核的公正性与客观性。

3）语言简洁

述职报告要求态度真诚、内容真实，因而其语言表达也不必辞藻华丽，对所陈述的内容层次清晰、条理清楚即可，详略得当、简明扼要、干净利落更能达到述职的目的。

7.8.3　范文分析——《××××年农业干部个人述职报告》

对述职报告的写作要求与写作技巧有了一定的了解之后，可结合相应的述职报告实例进行学习。下面以《××××年农业干部个人述职报告》为例，为大家介绍述职报告的模板，如表 7-8 所示。

表 7-8　述职报告的模板

标题		××××年农业干部个人述职报告
正文	引言	尊敬的各位领导、各位同志： 　　我叫××，是××县××镇××村××届的大学生村官。转眼间到××村已有×年之久了，在各级领导的悉心培养和指导帮助下，我学到了许多工作经验和为人处世的方法……××××年来，我受益良多，现将我××××年的工作汇报如下：
	主体	一、帮助包村干部整理和完善村级档案材料 　　从粮食种植补贴、母猪繁殖补贴…… 　　二、用心参与护林防火工作 　　主要负责护林防火、雨林造林标语制作…… 　　三、城乡居民养老保险办理 　　针对村里贴合年龄的村民，我们为其办理养老保险…… 　　四、参加"美丽中国　村官先行"活动并获奖 　　××××年×月，我和同事一起参加了由××网举办的"美丽中国　村官先行"的图文征集活动，获得了"三等奖"…… 　　五、用心投身公益活动 　　××××年×月，参与爱心车活动，走访村里留守儿童家里…… 　　六、学习总书记五四讲话精神 　　总书记在"实现中国梦，青春勇担当"主题团日活动中与各地优秀青年座谈，发表重要讲话…… 　　××××年的工作，让我成长不少，但同时也意识到还存在很多不足： 　　一是处理实际问题的能力有待提升…… 　　二是工作思路不够清晰、活跃……
	结尾	为此，在今后的工作中，我必须注意多向有经验的同事学习，运用灵活多样的方法解决问题……以自己的实际行动为村民谋福利。
落款		大学生村官×× ××××年××月××日

【分析】这是一篇大学生村官的述职报告，首先进行了自我任职的简要介绍；其次将工作内容概括为几个点，并结合自己的感受详细地论述每个点，要点集中；接着论述了自己在工作中的不足；结尾处阐明了今后工作的努力方向，态度诚恳，语言简洁，为优质范例。

>
>
> **专家提醒**
>
> 述职报告不同于汇报与工作总结，述职报告主要是述职者对现任职责情况的汇总陈述，为了说明述职者是否称职；而汇报涉及的范围较广，一般反映本单位、本部门的工作情况。述职报告虽也为总结性公文，但重在反映个人的履职情况；而工作总结重在总结经验和教训，以指导后续工作。有关各类文种的辨析，也可进入笔者的知乎号"体制百晓无聊先生"，查看更多相关文章。

7.9 调查报告——实地考察，书面汇总

调查报告是就某一问题、某一现象或事件进行实地考察并科学地分析其结果的书面报告，它常用于需要数据支撑或事实证明的工作事件。本节将具体介绍调查报告的写作方法。

7.9.1 基本概述——调查报告的特征和分类

调查报告的基础在于实地考察，"没有调查就没有发言权"即调查报告的主要特征。除此之外，调查报告还表现出如图7-14所示的两个特征。

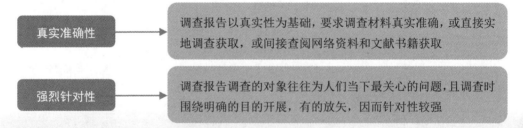

图7-14 调查报告的特征

调查报告又称"考察报告""纪实报告"等，从不同的角度可划分为不同的类型，具体内容如下。

(1) 从内容范围上，调查报告可划分为专题调查报告和综合调查报告。

(2) 从实际功用上，调查报告可划分为基本情况的调查报告、典型经验的调查报

告和查实问题的调查报告。

7.9.2 写作要点——调查报告的结构和写作技巧

无论哪种类型的调查报告，其写作结构大致相同，由标题、引言、主体和结尾4部分构成。下面就调查报告的写作结构和写作技巧两方面进行详细介绍。

1. 标题

调查报告的标题与报告类文体相比，较为灵活，具有以下几种表现形式。

(1) 公文式标题：事由+文种，如《大学生消费水平调查报告》。

(2) 文章式标题：有直抒胸臆型的，如《关于××市垃圾分类意识的调查报告》；有含蓄表达型的，如《防人之心不可无》；还有对仗工整型的，如《收拾行囊，齐装出发》。

(3) 问题式标题：用设问或反问的形式说明主题，如《汽车尾气排放是大气污染的元凶》《全民就业形势为何日益严峻》。

(4) 正副式标题：正标题写明调查报告的主题，副标题注明调查报告的未尽事项，如时间、地点、调查对象等。如《大学生环保意识调查报告——以××高校的学生为调查对象》。

2. 引言

引言即调查报告的开头，相当于新闻的"导语"，具有引出下文的作用。引言有3种写作方式，具体如图7-15所示。

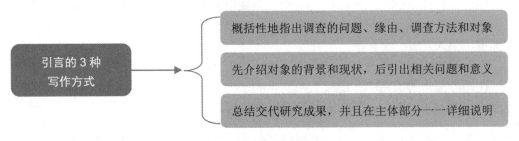

图7-15 引言的3种写作方式

3. 主体

主体部分即调查报告的详细内容，需分层次逐一说明，具体有以下几种写作方式可供参考。

(1) 按时间先后顺序行文。按照调查事件发生的起因、经过、发展等顺序或事件发生的时间先后顺序进行陈述，但注意重点需详细说明，并有所凸显。

(2) 按材料分类进行说明。将收集到的材料整理归纳分为若干类，依次对这些类别进行概述，注意需提炼观点，并用过渡语衔接。

（3）按论文形式进行阐述。论文写作模式是从问题意识出发的，具体为"是什么——为什么——怎么办"的逻辑形式，调查报告仿照此行文可达到逻辑清晰、观点明确的目的。

4. 结尾

调查报告的结尾一般为全文的总结与升华，可简要地总结全文论证的过程和观点，也可对事情发展进行预测与展望，还可就调查中发现的问题提供合理的建议等，结束全文。

5. 写作技巧

拟写调查报告需要掌握以下几个方面的技巧。

1）真实的材料支撑

调查报告重在调查，需要调查者真正地实地调查，收集所需数据或材料。如研究大学生的消费观，即需要采访不同范围内大学生的消费观念并收集整理，使调查数据真实可靠。

2）凝练的材料研究

对于收集的材料，需要进行研究与分析、归纳与总结，从而形成可读性、有效的书面报告。具体可结合调查的目的，选取相关性较大的材料进行分析，对比参照归纳出一般性特征，并进行分析与提炼，增加调查的实用价值。

3）清晰的结构编排

对于分析得出的结果不能胡乱堆砌，需要按照一定的逻辑结构进行编排。如采用论文式的结构，按照"是什么——为什么——怎么办"的逻辑连贯全文，争取做到循序渐进、引人入胜。

4）美观的图文并茂

在调查报告的拟写中，比起大量文字的堆砌，图文并茂的形式更能引人入胜，增添阅读者的阅读兴趣，从而实现调查报告的目的。

7.9.3 范文分析——《农民外出务工情况调查报告》

基本情况的调查报告一般就人们当下较为关心的问题或现象进行调查，下面以《农民外出务工情况调查报告》为例，为大家介绍基本情况的调查报告的范式，希望大家能尽快掌握调查报告的写作方法，如表7-9所示。

表7-9 调查报告的模板

标题		农民外出务工情况调查报告
正文	引言	农民工是中国历史上的新生人群,是当代中国城镇化、工业化的直接产物,是一个特殊的群体。他们一方面是农民,一方面是工人…… 根据我镇×年劳务经济情况摸底显示,我镇有××农民外出务工或经商,占全镇总人口××,年收入××……外出务工农民的行业种类有哪些?农民外出务工或经商给农村带来了哪些影响……带着上述问题,笔者对××镇农民外出务工情况做了一次调查。
	主体	一、外出务工农民的比例、年龄、文化结构及行业类型 1.外出务工农民的比例 为了数据的准确性,我对××村及周边五个村的总人口及外出人口数进行了调查。经调查,××五个村共有××人,外出务工××人,占五个村总人口的××…… 2.外出务工农民的年龄及文化结构 对五个村的调查显示,在外出务工的人员中,高中、中专文化的××人,占外出人数的××;初中文化的××人,占…… 3.外出务工农民从事的行业类型 打工族占外出人员的少数,还有相当一部分人从事经营和其他叫不上名字的行当。以××村为例…… 二、农民外出务工经商带来的积极作用和消极影响 通过调查分析发现,农民外出务工经商带来的积极作用有以下几个方面。 1.增加了收入,加快了致富步伐…… 2.学会了一技之长,增强了致富能力…… 3.增长了见识,更新了观念,提高了自身素质…… 4.促进了城乡交流和农村文明的进程…… 5.农民将经商挣来的钱反哺农业,促进了农业的增产增收…… 同时,农民外出务工经商也具有消极影响,具体表现在以下几个方面。 1.青年离开农村务工,在一定程度上制约了农业的发展…… 2.大量农民外出务工经商,在一定程度上给农村工作带来了难度,如公益事业和公共服务等…… 3.导致农村中学生的大量流失…… 4.在一定程度上造成了农村治安困难…… 5.留守儿童群体增加,对于其健康成长不利……容易使留守儿童性格造成影响,产生自我封闭、自卑和交流障碍等。 …… 三、对农民外出务工的几点思考 (一)推进户籍制度改革,降低农民工进城门槛 (二)加大农业支持投入,推进农业产业化管理 (三)加强对农民工的培训,提高其素质 (四)提高政府服务水平,为务工者排忧解难 ……
	结尾	附件(××五个村农民工外出务工的情况数据分析表)

【分析】这是一篇针对现今农民外出务工情况的调查报告，全文在引言部分采用了先介绍调查对象的背景和现状，然后提出一些问题说明此次调查意义；正文主体部分先说明外出务工农民的情况，接着对农民外出务工造成的影响和产生的作用进行了总述，然后针对消极影响提出了一些见解和思考，思路清晰，观点突出。

第 8 章

规约类公书的写作

俗语说"没有规矩不成方圆",规约类公文即将规矩成文的一类文书,主要用于规范人们的工作、行为及活动,适用于党政机关、社会团体和企事业单位。本章将具体介绍规约类公文的写作方法。

8.1 章程——规章成文，有据可依

章程就其实质而言，是一种根本性的规章制度，是为规范组织或社团成员、保证活动正常运行，而对组织或社团的性质、宗旨和任务等进行系统性阐述，并要求严格执行的纲领性文件。本节将针对章程这一公文文种进行介绍，以便大家熟悉规约类公文的写作方法。

8.1.1 基本概述——章程的特点和分类

要想了解章程的一般内容和基础常识，应该从章程的主要特点和基本分类两个方面入手，具体内容如下。

章程按其含义可归纳总结出 4 个主要特征，具体如图 8-1 所示。

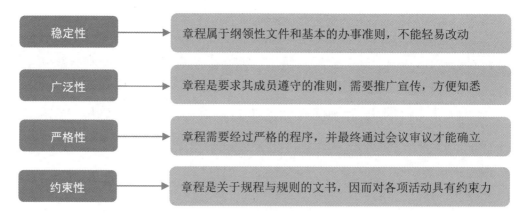

图 8-1 章程的主要特征

章程的种类繁多，具体可分为如图 8-2 所示的几种。

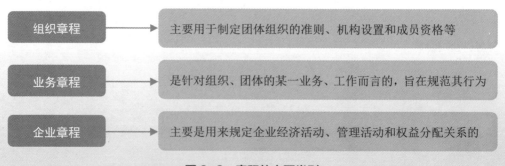

图 8-2 章程的主要类别

8.1.2 写作要点——章程的结构和写作技巧

在章程的结构上，除了题注、落款等视情况而定的部分外，还包括所有公文都必须具有的两个部分，即标题与正文。下面就从章程的这两部分结构和写作技巧两方面来具体介绍章程的写作要求。

1. 标题

章程根据其形成过程可分为正式章程和章程的草案。其中，正式章程的标题一般写成"组织/团体名称+文种"的形式。假如是尚未经会议审议通过的章程草案，应该在标题末尾加上"草案"字样以示说明。

2. 正文

章程的正文可细分为总则、分则和附则 3 个部分，具体如图 8-3 所示。

图 8-3 章程正文的 3 个部分

需要注意的是，拟写分则时，除了上述内容外，还可以对成为成员的条件、权利和义务等内容进行说明，假如是企业章程，还应写明经营范围、分配原则等内容。

3. 写作技巧

在拟写章程的过程中，拟写者应在以下几个方面加以注意。

1) 内容方面

章程是一个与组织或团体有关的纲领性文件，是对其整体成员进行规约的文件，需要内容完备，面面俱到，不能有所缺漏。且在内容上还应该注意其科学性和可行性，这主要表现在章程所制定的目标和要求不能过高，要切实可行。

2) 章法方面

章程的章法需要从逻辑和层次方面加以注意，要求设置严密，有着严谨的结构顺序，由总到分，形成一个完整的有机统一体，让人读来能充分感受到其中的严谨、缜密。

3) 语言方面

章程的语言应该遵循公文的一般性特征，要求用准确具体、简明扼要的语言，对内容进行说明，而不是满篇的术语，写得佶屈聱牙。

8.1.3　范文分析——《中国工会章程》

组织章程是一个组织的纲领性文件，因而在拟写过程中要对各方面的内容做到完备和点面结合，以便其成员从中找到较为完备的信息。下面以《中国工会章程》为例，具体介绍组织章程的写作模板，如表 8-1 所示。

表 8-1　组织章程的写作模板

标题		中国工会章程
题注		(中国工会第××次全国代表大会部分修改，××××年××月××日通过)
正文	总则	总则 中国工会是中国共产党领导的职工自愿结合的工人阶级群众组织，是…… 中国工会以宪法为根本活动准则，…… 工人阶级是我国的领导阶级，是…… 中国工会的基本职责是维护职工的合法权益。 …… 中国工会在国际事务中……
	分则	第一章　会员 第一条　凡在……都可以加入工会为会员。 …… 第八章　会徽(略)
	附则	第九章　附则 第四十三条　本章程的解释权属于中华全国总工会。

【分析】这是一篇采用章条式形式拟写的组织章程，主要是对中国工会的章程作了具体、详细的介绍。该篇组织章程在总则部分是以分段的形式拟写的，具体说明了中国工会的性质、宗旨、任务等；在分则部分开始分条列写，对中国工会的会员、组织制度、会徽等内容进行了介绍；而附则部分对于章程的解释权作了说明。通篇内容完备，结构严谨，为优质的章程范例。

8.2　办法——特定事务，具体操作

办法是一种比较常用的规约类公文，主要用于国家行政主管部门为贯彻某一法令或做好某方面工作而进行公文拟写的情况。那么，在具体的拟写过程中，办法是怎样顺利成文的呢？本节将针对这个问题进行详细介绍。

8.2.1 基本概述——办法的特征和分类

规约类公文中的办法,主要是拟写有关规定中的具体做法、步骤和措施等方面的内容,即对贯彻执行某一法令或进行某项工作提出具体的规定和要求,因而具体性与规定性是办法的主要特征如图8-4所示。

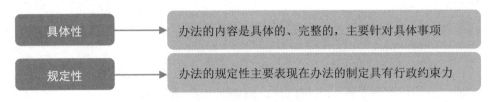

图8-4 办法的主要特征

办法的分类从其内容和性质上看,可分为实施文件办法和工作管理办法。其中,实施文件办法可分为国务院发布的、各部委制定并经国务院批准的、地方部委发布的和企事业单位制定的等;工作管理办法包括行政管理办法、物资管理办法、技术管理办法等。

8.2.2 写作要点——办法的结构和写作技巧

在办法的组成结构中,可分为标题、题注和正文3部分。下面将具体介绍办法的这3个结构以及写作技巧。

1. 标题

标题位于文章之首,主要是对全文内容进行简短的说明,包括发文机关、事由和文种3个要素。当然,并不是所有办法的标题都包括这3个要素,有时会省略发文机关,而只标注事由和文种。

2. 题注

在题注的拟写过程中,拟写者应该注意根据发布方式的不同而区别对待。当办法随命令和通知一起发布时,题注应省略不写,而这一类办法在独立使用时,则应该在题注部分注明命令和通知的发布时间;当办法独立发布时,题注应该对一些事项加以标注,具体包括以下几点。

(1) 注明制发的年、月、日和会议名称。
(2) 注明通过的会议名称、时间和发布的机关、时间。
(3) 注明批准的机关名称和时间。

3. 正文

办法的正文部分从其内容上来说,首先应该指出办法制定的依据;然后是正文的主体部分,主要陈述办法的具体条款规定;最后以附则等形式对办法的相关内容作出说明,如解释权和具体实施日期等。

4. 写作技巧

要想写出一篇好的办法公文,就应该重点关注其正文部分,并根据具体内容选择合适的方式拟写,具体方法如下。

(1) 章条式:当办法的内容比较复杂、多样时,应该采用章条式的写作方法,即分为总则、分则和附则3部分安排内容,具体如图8-5所示。

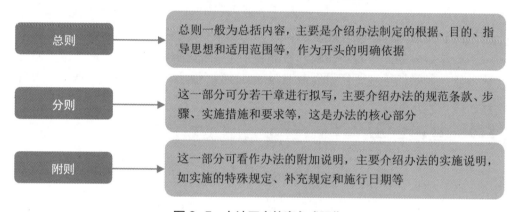

图 8-5　办法正文的章条式写作

(2) 条款式:当内容比较简单时,办法应该采用条款式的写作方法,内容与上一种相似。不同的是,不再对全篇按总则、分则和附则分开拟写,而是全篇采用分条的形式进行拟写。

在拟写办法公文时,把相当于总则的内容在前面几条中阐述出来,把相当于附则的内容在后面几条中阐述出来,中间作为办法的主体部分。当然,这种写作形式之所以称为条款式,就在于当条款中还包括多项内容时,可以分款介绍。因此,在条款式办法中,其层次也是多样化的。

需要注意的是,办法各章条的序号是从总则到附则顺延的,不是按部分分别列出的。

8.2.3　范文分析——《网络交易管理办法》

管理办法是办法的一种,主要是针对某些管理方面作出规定,是依法制定的从属于法律的规约类公文。下面以《网络交易管理办法》为例,具体介绍拟写管理办法的模板，如表8-2所示。

表8-2　管理办法的模板

标题		网络交易管理办法
题注		(××××年×月×日国家工商行政管理总局令第×号公布)
正文	总则	第一章　总则 第一条　为规范网络商品交易及有关服务，保护消费者和经营者的合法权益，促进网络经济持续健康发展…… ……
	分则	第二章　网络商品经营者和有关服务经营者的义务 第一节　一般性规定 第七条　从事网络商品交易活动及有关服务的经营者，应当依法办理工商登记。 …… (四)交付的报纸、期刊。 除前款所列商品外，其他根据商品性质并经消费者在购买时确认不宜退货的商品，不适用无理由退货。 ……
	附则	第五章　附则 第五十五条　通过第三方交易平台发布商品或者营利性服务信息、但交易过程不直接通过平台完成的经营活动，参照适用本办法关于网络商品交易的管理规定。 …… 第五十八条　本办法自××××年×月×日起施行。国家工商行政管理总局××××年×月×日发布的《网络商品交易及有关服务行为管理暂行办法》同时废止。

【分析】这是一篇管理办法，主要是对网络交易作出规定。全篇采用的是章条式的写作方式，共分为五章五十八条，层次分明，结构清晰。最后一章主要介绍办法的实施说明，包括特殊规定、解释权、生效日期和之前发布的有关规定的废止等，要点完备，具有示范性。

8.3　规定——制定措施，贯彻执行

在规约类公文中，规定是使用范围最广、使用频率最高的文种，也是一种具有较强约束力的文种。它是针对某些工作或事务而制定的措施，要求相关部门贯彻执行。

8.3.1 基本概述——规定的特征和分类

规定，即领导机关或职能部门为了制定措施来处理特定范围内的工作和事务，而提出原则要求、执行标准和实施措施等的规约类公文。与其他公文相比，规定体现出明显的规章性特征，具体如图 8-6 所示。

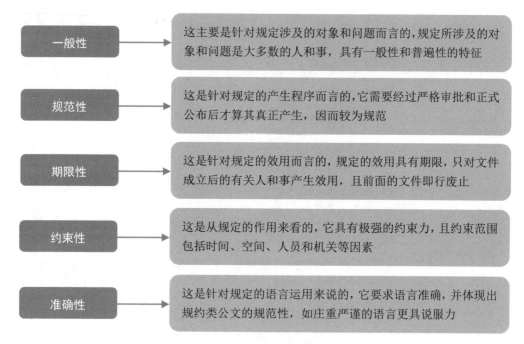

图 8-6　规定的主要特征

规定就其内容来说，主要可分为方针政策性规定和具体事宜性规定两类。值得注意的是，规定与办法具有相似之处，两者都是关于事项的措施拟定；但它们的使用范围不同，办法一般使用于具体事务或单一事项，而规定一般使用于某些重大问题、重大事项，这是二者的主要区别。

8.3.2 写作要点——规定的结构和写作技巧

规定的结构主要包括标题和正文两部分，但有时规定的标题下方有题注或发文字号，在文后有落款。下面就规定的结构和写作技巧两方面进行阐述。

1. 标题

规定的标题一般可采用如下两种形式。

（1）发文机关+事由+文种：如《××学校关于教师外出兼职授课的规定》。

(2) 事由+文种：如《事业单位公车管理规定》。

假如要拟写的规定不是最终确定的，而是暂行的，就应该在标题中予以说明。

2. 正文

规定与办法一样，也有章条式和条款式两种写作方法，下面以章条式写作方式为例进行具体介绍。其正文包括总则、分则和附则 3 个组成部分，具体如图 8-7 所示。

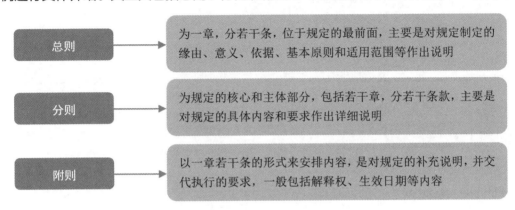

图 8-7　规定正文的章条式写作方式

3. 写作技巧

在写作规定的过程中，掌握一定的写作技巧和要领可以更熟练地拟写规定，具体内容如下。

- 首先，规定具有极强的约束力，主要是为了贯彻落实某一法律、法规而制定的，因此规定的内容必须符合国家的法律、法规，而不是与其相悖。
- 其次，规定在内容结构的安排上，应该注意把原则性内容放在前面，然后才是对具体内容的陈述，且这些内容的呈现还应该按照一定的主次顺序来安排，最终使得规定的内容主次分明、点面结合。
- 再次，规定是为了促进某一法律、法规的贯彻执行，因此规定的内容应该是具有针对性的、切实可行的措施和办法。
- 最后，规定在语言运用上也应该体现准确具体、简明扼要的特征，充分展现其语言的庄重性。另外，为了增强其约束力和执行力，可更多地使用祈使句，借助肯定语气推进法律、法规的贯彻执行。

8.3.3　范文分析——《关于实行党风廉政建设的规定》

相较于具体事宜性规定来说，方针政策性规定更多地体现在宏观方面。下面以《关于实行党风廉政建设的规定》为例，具体介绍方针政策性规定的写作模板，详细内容如表 8-3 所示,希望大家能顺利掌握规定的写作技巧。

表 8-3 方针政策性规定的模板

标题		关于实行党风廉政建设的规定
正文	总则	第一章 总则 第一条 为了加强党风廉政建设……,根据《中华人民共和国宪法》和《中国共产党章程》,制定本规定。 第二条 本规定适用于…… …… 第五条 实行党风廉政建设责任制,要……
	分则	第二章 责任内容 第六条 领导班子对职责范围内的党风廉政建设负全面领导责任。 …… 第七条 领导班子、领导干部在党风廉政建设中承担以下领导责任: …… 第三章 检查考核与监督 …… 第十八条 党委(党组)应当……,广泛接受监督。 第四章 责任追究 第十九条 领导班子、领导干部违反或者未能正确履行本规定第七条规定的职责,有下列情形之一的,应当追究责任: …… 第二十八条 各级纪检监察机关应当加强对下级党委(党组)、政府实施责任追究情况的监督检查,……
	附则	第五章 附则 第二十九条 各省、自治区、直辖市,中央和国家机关各部委…… 第三十条 中央军委…… 第三十一条 本规定由中央纪委、监察部负责解释。 第三十二条 本规定自发布之日起施行。××××年×月发布的《关于实行党风廉政建设责任制的规定》同时废止。

【分析】这是一篇方针政策性规定,从宏观上阐述了实行党风廉政建设责任制的有关规定。它先在第一章的总则中阐述了规定制定的目的、依据、适用范围和基本原则。然后在接下来的第二章至第四章具体阐述了规定的主要事项,从责任内容、检查考核与监督、责任追究 3 个方面进行介绍,主次分明,层次结构合理。最后以附则结尾,对规定进行了补充说明,并介绍了其解释权和生效时间。

8.4 细则——规章制度，具体阐释

细则，是党政各级机关、企事业单位在上级机关的有关规定或办法的基础上，对某一法令、条例和规定加以具体化阐释、说明，从而更好地贯彻执行的公文文种。本节将具体介绍细则的写作方法。

8.4.1 基本概述——细则的特点和分类

从本质上说，细则是从法律、法规和规章等派生出来的，是一些补充和延伸的规定，主要有 3 个方面的特点，如图 8-8 所示。

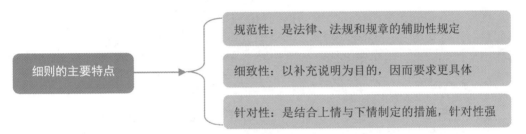

图 8-8 细则的主要特点

根据不同的标准，细则可划分为不同的类别，具体内容如下。

（1）按照实际使用情况划分，细则可分为全面实施细则、部分实施细则和地方实施细则。

（2）按照其内容和性质划分，细则可分为规范性细则和说明性细则。

8.4.2 写作要点——细则的结构和写作技巧

细则主要是由标题和正文构成的，这两个部分各有其写作标准和要点。下面将具体介绍细则的结构和写作技巧。

1. 标题

细则可以说是某项法规、规章的从属性文件，这在标题上有着充分体现。细则的标题一般是在表示文种的"实施细则"前加上原法规、规章标题，具体形式为"原件名称+实施细则"，它主要适用于全面实施细则。

另外，标题还可以写成"实施区域+实施内容+实施细则"形式，这主要适用于地方实施细则，如《北京市工伤保险实施细则》。

2. 正文

细则的正文从内容结构来看，与办法和规定一样，也是由总则、分则和附则组成，具体内容如图 8-9 所示。

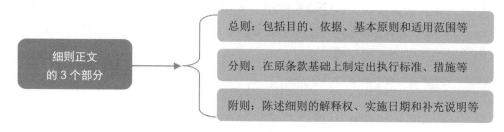

图 8-9　细则正文的 3 个部分

在拟写细则的正文时，还应该根据内容的不同选择不同的结构形式。一般来说，假如是对法律条款作出说明的细则，多采用章条式的结构形式；假如是对条例、办法等作出说明的细则，多采用条项式的结构形式。

3. 写作技巧

在拟写细则时，拟写者应该从以下几方面进行把握，掌握相关写作技巧。

1） 把握条款的依据性

因为细则是根据某些法律、法规的全部或某些条款而制定的，是这些条款的具体化，因此必须把握好细则的条款依据性，不能随意增删，且在主体内容中也应该遵循这一依据性，不能随意扩散和发挥。

2） 紧密结合上情与下情

在拟写细则时，不仅应该以上级机关制定的法律、规章为依据，还应该把针对这些条款的实施措施与本单位的实际情况结合起来，最终制定出切实可行的实施细则。

3） 注意条款的逻辑性

这是细则的内容结构方面的要求。在拟写细则时，按照条款的逻辑顺序，一项一事，把具体实施措施一项项呈现出来。

4） 明确细则的制定权限

一篇细则的制定，其法律、规章对象的选择不是随意的，而是有着严格的规定，不同层级的机关单位可选择的对象也不同，现举例说明如下。

- 下级人民政府可以根据上级人民政府发布的行政法规来制定细则。
- 地方人民政府可以根据同级权力机关发布的地方性法规来制定细则。

5） 做到"准"与"细"

细则的实施措施一定要详尽具体，易于理解。且细则毕竟是根据法律、规章制定的，不能随意发挥，而应该找准其关键、要点进行补充说明，以免发生理解错误。

8.4.3 范文分析——《××海关法行政处罚实施细则》

实施细则是对依据的法律、规章的部分条款作详细实施说明的细则。下面以《××××海关法行政处罚实施细则》为例，具体介绍其写作模板，如表8-4所示。

表8-4 实施细则的模板

标题		××××海关法行政处罚实施细则
正文	总则	第一章　总则 　　第一条　为了实施《××××海关法》(以下简称《海关法》)关于法律责任的规定，根据《海关法》第六十条制定本实施细则。 　　第二条　不构成走私罪的走私行为，构成走私罪但依法免予起诉或者免除刑罚的行为，以及违反海关监管规定的行为的处理，适用本实施细则。
	分则	第二章　走私行为及处罚 　　第三条　有下列行为之一的是走私行为： 　　…… 　　第三十一条　依照本实施细则处以罚款但不没收进出境货物、物品、运输工具的，不免除当事人依法缴纳关税、办理有关海关手续的义务。
	附则	第五章　附则 　　第三十二条　海关工作人员滥用职权、故意刁难、拖延监管、查验的，依照国务院关于国家机关工作人员奖惩规定给予行政处分…… 　　第三十三条　本实施细则下列用语的含义是： 　　…… 　　第三十四条　国家限制……由国务院主管部门公布。 　　……

【分析】这是一篇采用章条式形式拟写的细则，全篇全面涵盖了细则的写作要点，紧扣原文条款进行说明，精准地把握了写作的"细"和"准"。在各章中分各条，在各条中分各款，尽量在关键处抓住问题并予以最详细、全面、系统的解释和说明，为细则之典范。

8.5 条例——社会生活，全面覆盖

条例，是国家党政机关对社会生活如经济、文化等某个方面进行调控而发布的指示性公文。一般而言，条例由职能部门制定，需权力机关批准后发布实施。本节将具体介绍条例的写作方法。

8.5.1　基本概述——条例的特点和含义辨析

条例是党中央组织下发的对于党的工作、行为等进行规范的规章制度，同时又是国家行政法规和地方性法规的主要形式，相当于规定、条例和办法制定的纲领性文件。

因此，条例与其他规约类公文一样，具有法规性、约束性与稳定性等主要特征，具体阐述如图 8-10 所示。

图 8-10　条例的主要特征

条例与章程、办法、规定和细则等相关公文在内容上有相似之处，但又有所不同，具体论述如下。

- 相同点：这些规约类公文都是能起到规范作用的指导性文件，且要求有关人员按章办事，共同遵守。
- 不同点：这些规约类公文的差异主要体现在内容和适用范围上。

（1）在内容上，章程是关于组织工作的任务、性质等进行阐释；而条例、规定、办法和细则是关于某一项工作或活动等进行规范。

（2）在适用范围上，条例是原则性与概括性地对某方面工作作出规定或要求，涉及的工作范围广阔，具体执行还需要结合实际情况拟定规定、办法和细则；而办法、规定和细则都是关于某一具体工作而言的，内容更细致。

专家提醒

除了上述所区分的条例与章程、办法、规定等公文之间的差异外，规约类公文的界限普遍较为模糊，如办法与规定、章程与细则等文种在用途上都有规范行为的作用，但其又有细微的区别，导致拟写者在写作时很容易犯文种使用错误。若有需要大家可以进入笔者的微博"体制百晓吴聊先生"，查看相关的文章，从而帮助你明晰这类公文的界限。

8.5.2 写作要点——条例的结构和写作技巧

条例一般由标题、题注和正文 3 部分构成。下面将具体介绍这 3 部分的格式要求以及拟写条例的相关写作技巧。

1. 标题

条例标题的构成有两种形式：一是事由+文种，如《××信息公开条例》；二是适用范围+事由+文种，如《湖南省建筑工程招标投标管理条例》。

2. 题注

条例的题注通常是注明条例发布机关及发布日期的，或是通过条例的会议及日期。题注一般位于标题之下，用括号括入。

3. 正文

条例的正文包括条例制定的缘由、具体要求和实施说明 3 部分，具体内容如图 8-11 所示。

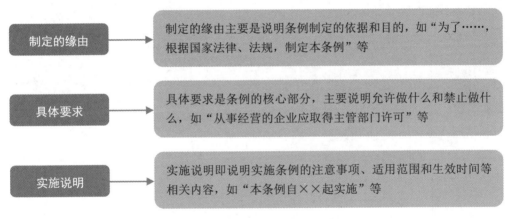

图 8-11 条例正文内容的 3 个部分

拟写条例的方式同规约类公文一样，具有分条列项式和分章列条式两种方法。

4. 写作技巧

写作条例需明确两方面内容，具体阐释如下。

1) 明确条例的适用范围

条例是关于国家重大事项的规范与要求，具有法律效力，只有法定授权的党政机关才有权制定和颁发条例，而单位或部门的工作内容不适宜使用条例这一文种。

2) 明确条例的"职责所在"

条例只是原则性、概括性地作出规定与要求,并非指的是某一具体工作的详细操作,若不明晰条例的这一"职责",很容易出现文种混用的错误,因而需加以重视。

8.5.3 范文分析——《××市垃圾分类管理条例》

下面以一篇《××市垃圾分类管理条例》为例,介绍条例的写作模板,方便大家学以致用,如表 8-5 所示。

表 8-5 条例的写作模板

标题	××市垃圾分类管理条例
题注	(××××年××月××日第××次××会议通过,自××××年××月××日起实施)
正文	总则	第一章 总则 第一条 为了加强生活垃圾管理,改善城乡环境……根据国家法律、法规,结合本市情况,制定本条例。 第二条 本市行政区域内生活垃圾管理活动适用于本条例。 …… 第十一条 本市……给予奖励。
	分则	第二章 规划与建设 第十二条 本市城市管理部门应当……,纳入本市城乡规划和土地管理规划。 …… 第三章 减量与分类 第二十四条 生产者、销售者应当严格执行……按照规定予以标注,并进行回收。 …… 第四章 收集、运输与处理 …… 第六章 法律责任(略)
	附则	第七章 附则 第六十九条 本条例自××××年××月××日起施行

【分析】这是一篇分章列条式写法的条例,主要是对垃圾分类管理规定做了具体、详细的介绍。该篇条例在总则部分说明了条例的依据与目的;在分则部分开始分条列写,对垃圾分类的主要工作内容进行了介绍;而附则部分则说明条例的施行时间。通篇内容完备,结构严谨,为条例之典范。

8.6 规则——行为准则,保驾护航

规则,也是规约性公文的一种,是国家机关、社会团体和企事业单位为维护公共秩序、公共利益,确保工作、生活等顺利进行而制定的行为准则。本节将具体介绍规则的基本概述及写作要点。

8.6.1 基本概述——规则的特征和作用

规则一般是由群众共同商议、公认或是人大代表通过制定的规约,它具有 3 个特征,具体如图 8-12 所示。

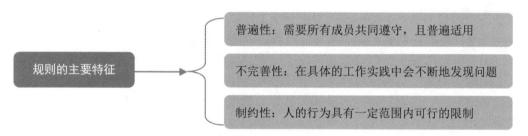

图 8-12 规则的主要特征

规则的制定是人类社会得以正常运行的要素之一,具体表现在以下几个方面。

(1) 规则是对人们行为的规范,是一种他律的手段,其制定能够帮助人自律,形成他律与自律的统一,从而促进社会的发展。

(2) 规则的制定有助于营造好的社会环境,包括组织或社团内部的工作环境和社会的整体环境。

(3) 规则可视作目标的"催化剂",其存在可调动人们行动的积极性,从而促进工作目标的实现。

8.6.2 写作要点——规则的结构和写作技巧

规则的结构通常由标题、正文和签署 3 部分构成,在拟写过程中需要重点掌握。下面将具体介绍规则的这 3 部分结构和写作技巧。

1. 标题

规则的标题有两种形式,具体如下。

(1) 发文机关+事由+文种:如《××市人民政府工作规则》。
(2) 事由+文种:如《医疗器械分类规则》。

2. 正文

如同规约类公文拟写格式一样，规则的正文也有以下两种写作方式。

（1）分条列项式：这种方式适用于规则内容较少时，拟写正文直接用序号依次分条列出规则的条款，需要注明的事项如制定规则的缘由、目的和依据，在条款之前用一段文字说明即可。

（2）分章列条式：当规则内容复杂、层次较多时，正文内容和其他规约类公文的写作方法一样，分为总则、分则和附则 3 部分。总则为规则制定的依据、目的等；分则为规则的各项要求、实行的措施等；附则为解释说明相关问题等。

3. 签署

签署包括发文机关和日期，可在正文中用括号注明，也可标注在正文的右下方。

4. 写作技巧

拟写规则时，需要把握以下写作技巧，以便行文流畅。

1）针对性强

规则是对具体事项或具体活动的规范性要求，应具有明确的对象所指。如《仓库失火管理规则》，其针对的对象即负责仓库管理的工作人员，在规则中应明确注明，确保其知悉。

2）真实客观

规则的执行遵守需要所属群众的共同参与，因而在拟写规则时应符合客观实际，满足所属范围内群众的需求和意见，且具有政策法规依据，只有做到真实有效才能切实可行、实践到位。

3）逻辑清晰

逻辑清晰指的是对于规则的要求、条例方面的拟写，应当呈现依次递进、层次清晰、条理清楚，如"先倡导，后禁止""先规范，后要求"等。

8.6.3 范文分析——《××招生考试考场规则》

规则在生活中的应用极为广泛，如交通规则、考场规则等。下面以《××招生考试考场规则》为例，为大家提供规则写作的示范，如表 8-6 所示。

表 8-6 考场规则的模板

标题	××招生考试考场规则
正文	一、周密布置考场，单人单桌。 二、考生应提前进入考场，考试开始后 15 分钟内不得进入考场，考生在考试开始 30 分钟后方可交卷……

	续表
正文	三、考生进入考场后,应服从监考人员安排,按考场安排就座,并将身份证和准考证放在桌子的右上方,以备查对。 …… 十二、有以下行为之一的,应当认定为考试作弊: 1. 携带与考试相关的文字资料参加考试的; 2. 在考试过程中使用电子通信设备的; …… 十三、本考试考场规则从发布之日起执行。
签署	(略)

【分析】这是一篇招生考试的考场规则,主要论述了考生参加考试的要求,针对性强。它说明了流程规范以及视作作弊行为的几种情形,主次分明、层次结构合理,且符合应用场景,实用性强。

8.7 守则——道德规范,自觉遵守

守则是国家机关、社会团体和企事业单位制定的要求所属人员自觉遵守的行为准则和道德规范。守则的制定目的主要是为了维护公共利益和公共秩序,或是为了实现某一目标、完成某一任务。本节将具体介绍守则的写作方法。

8.7.1 基本概述——守则的特点和分类

守则是根据国家政策方针指示并结合实际工作需要而制定的道德准则,它具有以下特点,具体如图8-13所示。

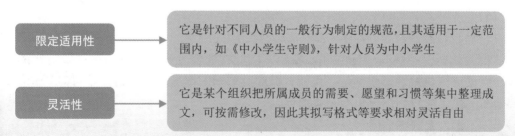

图8-13 守则的主要特点

守则按照不同单位或制定人划分为4种类型,具体为用于行政部门的、用于教育部门的、用于工矿企业的、用于某种生产工艺操作的。

8.7.2　写作要点——守则的结构和写作技巧

守则的内容结构包括标题、正文和落款 3 部分。写作守则需把握这些结构并掌握一些写作技巧，下面将具体介绍。

1. 标题

守则的标题有两种写作形式：一是由"发文机关+约束范围+文种"构成，如《××公司员工工作守则》；二是由"约束对象+文种"构成，如《中小学生在校行为守则》。

因为守则的灵活性极强，可按需修改，有些守则在拟定时是不完善的，其规定可能需要具体实验考证之后才能得出效果，因此这类守则往往会在标题之后加入"试行"字样，并用圆括号括入。

2. 正文

正文是守则的核心部分，一般在标题之后另起行分条拟写。有些守则内容较为详细、规范，会在开头部分总括说明守则制定的依据、目的或作用等，再另起一行分条拟写具体规定。

3. 落款

落款有两种形式：一种是在标题之下用圆括号括入发文机关及守则发布日期，另一种是在正文结束之后的右下方标注发文机关与日期。

4. 写作技巧

守则的拟写可以从以下两个方面进行把握，以便有针对性地、快速地行文。

1) 内容上指向明确

守则的内容一般为针对某一具体的规范对象而制定的相关规定，以总的国家法律或法规为依据，且具有一定的地方特色，因此在内容上应该明确守则主要针对的对象，以便守则更好地落实到位。例如，针对某车间工作员工的守则，即内容应该以本单位车间员工的行为规范为指向来拟写。

2) 语言上凝练易懂

因守则的行文相对灵活自由，其语言也应较为通俗直白，以方便约束对象更好地按照守则规范自己的行为。且就守则的适用范围或规范对象而言，凝练易懂的语言更具有实用性。

8.7.3 范文分析——《××公司员工守则》

守则虽分为 4 种类型，但在生活中常见于教育领域或生产领域，如《中小学生行为规范守则》《××车间工作规范守则》等。下面以《××公司员工守则》为例，为大家提供守则写作的示范，如表 8-7 所示。

表 8-7 生产领域守则的模板

标题	××公司员工守则
正文	一、为规范公司和员工的行为，根据《中华人民共和国劳动法》及相关法律法规的规定，结合公司的实际情况，制定本规章制度。 二、本规章制度适用于公司所有员工，对特殊职位的员工另有规定的，从其规定。 三、工作纪律与员工守则 1. 员工必须遵守以下考勤与辞职制度： (1) 按时上班、下班，不迟到早退； (2) 请假需办理书面请假手续，……病假需出示医院证明； …… 2. 员工必须遵守如下工作守则与职业道德： (1) 敬业乐业，勤奋工作……遵守公司各项规章制度； …… 四、奖励与惩罚(略) 五、本规章制度解释权归公司所有
落款	××公司 ××××年×月×日

【分析】这是一篇为规范员工行为而制定的守则，首先总括了该守则制定的依据与意义，接着说明了员工需要遵守的详细原则，最后注明了该守则的解释权等。通篇要点齐全，重点突出，具有示范性。

8.8 公约——协商拟定，公共规约

公约是党政机关、企事业单位、社会团体或社区群众在自愿自觉的基础之上讨论、协商而得出的公共约定。其制定是为了保证学习、工作等的顺利进行，或是更好地贯彻相关法律法规。本节将具体介绍公约的写作方法。

8.8.1　基本概述——公约的特征和分类

公约是群众共同协商拟定得出的规约，也需要遵循自觉遵守的原则，因此主要呈现出 3 个不同的特征，具体如图 8-14 所示。

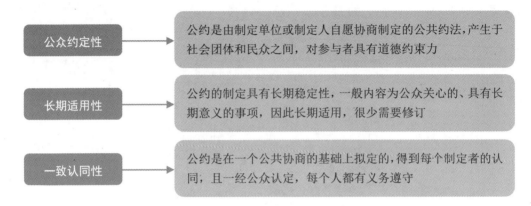

图 8-14　公约的 3 个特征

公约按照其内容性质划分，可分为行业公约、部门公约和民间公约 3 类。公约的制定主要对维护社会秩序、构建社会精神文明建设等具有助力作用。

8.8.2　写作要点——公约的结构和写作技巧

公约的结构通常包括标题、正文和落款 3 部分。下面将具体介绍公约的结构要求和写作技巧。

1. 标题

公约的标题有 3 种写作形式，具体如下。
(1) 由"适用范围+文种"构成，如《证券投资基金行业公约》。
(2) 由"适用对象+文种"构成，如《××小区业主公约》。
(3) 由"公约内容+文种"构成，如《养宠物公约》。

2. 正文

公约的正文一般包括 3 个部分，即引言、主体和结尾，具体内容如下。
(1) 引言：引言相当于新闻中的导语，起到总领全文的作用，一般在引言部分主要说明公约制定的目的和意义。
(2) 主体：这一部分是公约的核心内容，主要说明制定公约的各个制定者应当遵守的规范，用分条列项法有条理地列出，具体到应当做什么，不应当做什么，条理清晰、内容明确。

(3) 结尾:若有公约相关的执行要求或公约的生效日期需要说明的,可在正文的结尾处直接说明。

3. 落款

落款即署名,一般在正文结束后的右下方标注制定公约的主体及时间,有时也可在标题之下用括号进行标注。

4. 写作技巧

公约的拟写应注意内容上和语言上的规范,以便公约制定者更好地遵守,具体内容如下。

(1) 内容上:公约是由制定者协商制定的自愿遵守的自我规范,其在内容上应全面、具体,以便公约制定者更好地按照约定履行某些事项。且公约具有长期适用性,这就要求内容全面且确定,以便公约更好地发挥其效用。

(2) 语言上:公约与其他规约类公文的不同之处在于由协商制定而成,具有民众意愿,因而在语言表达上可灵活、简便,且语气上可稍和缓、温和,可以起到鼓励公约制定者遵守的作用。

8.8.3 范文分析——《××班级公约》

公约多用于公共事业方面的道德和行为规范。下面以《××班级公约》为例,为大家提供公约写作的示范,如表 8-8 所示。

表 8-8 班级公约的模板

标题		××班级公约
正文	引言	为维护班级秩序,营造良好的学习氛围和环境,特制定此公约。
	主体	一、思想仪表 1. 尊敬师长,团结同学……违反有关规章,要自觉承认错误,虚心接受批评,并作出书面检查。 2. 言行举止文明,不打架斗殴,不给他人取绰号。 …… 二、纪律 1. 自觉遵守纪律,上课不讲话,认真听讲,不做小动作。 2. 自习课(包括早读、午自修等)不做与学习无关的事情,尽量不在教室内随意走动,如有违反,班长、纪律委员或值班人员应及时指出并做好记录。 ……

续表

正文	主体	三、出勤 1. 早上 7 点、中午 1 点到校……要求全体学生不迟到、不早退，在校期间无故不随意离校，如有特殊情况需向班主任请假。 2. 学校组织的活动，如课间操、升国旗等，全体同学应及时参加，无故不缺席。 …… 四、卫生 1. 由劳动委员安排每日值日生，当天值日生早上提前 10 分钟到校，认真打扫卫生。对所做值日不达标或是扣分较多的，由班委责令其下星期重做。 2. 值日生需保证教室内外一天整洁，卫生器具摆放整齐，如发现地上有废纸，要自觉捡起扔入垃圾桶。 …… 五、学习 1. 上课积极回答问题，认真听讲，同学间互相帮助，共同进步。 …… 六、补充意见 1. 以上违反条规者由值班班长记录，期末汇总作为品德考核的重要依据。 2. 对于成绩优秀、进步迅速等同学应及时表扬并记录，期末可凭借此获得相关奖项。
	结尾	本公约由××班全体成员共同商议制定，适用于全体成员共同遵守。
落款		××班全体成员 ××××年××月××日

【分析】这是一篇班级公约，由班级全体人员共同商议拟定，正文部分交代了制定公约的目的，以及从思想、纪律、卫生和学习等方面阐明了公约的规范要求；结尾处也对公约的制定进行了解释说明，并有全体成员的署名，要点齐全，逻辑清晰。

第 9 章
凭证类公文的写作

　　凭证类公文在日常生活和工作中应用得比较广泛，特别是在经济领域和日常往来中，如合同、协议书等。本章将以 4 种凭证类公文为例，从基本概述、写作要点和范文分析等方面进行具体介绍。

9.1 意向书——初步设想达成一致

在正式形成合同或协议之前，当事人双方或多方会针对其初步设想达成一致意向，在这样的情况下确立的文件就称为意向书。本节将介绍有关意向书的具体内容。

9.1.1 基本概述——意向书的主要特点

与合同和协议相比，意向书只是一种应用类公文，并不具备法律效力，但其又是协议或合同的先导和依据。这样一种有着特殊性质的公文，到底有着怎样的特点呢？具体来说，其特点主要表现在 4 个方面，如图 9-1 所示。

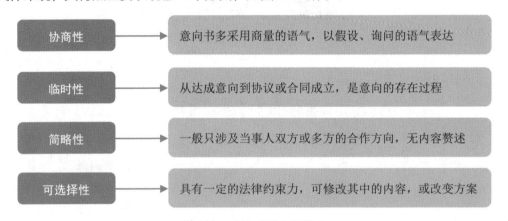

图 9-1 意向书的主要特点

从图 9-1 可知，意向书具有多方面的特点。其实，这样的意向书是一种正式签订合同、协议之前的公文，一般用在经济技术的合作领域，主要为接下来双方或多方之间的实质性谈判提供依据。

9.1.2 写作要点——意向书的结构和写作技巧

在结构上，意向书一般由标题、正文和落款 3 部分组成。下面将针对意向书的内容结构和写作技巧进行介绍。

1. 标题

意向书的标题形式具有多样性特点，具体介绍如下。

(1) 当事人单位名称+事由+文种：如《×××(单位)与×××(单位)关于(单位)

合作的意向书》。

(2) 当事人单位名称+文种：如《×××(单位)与×××(单位)意向书》。
(3) 事由+文种：如《××原料合资生产意向书》。
(4) 只有文种：即以"意向书"命名的文件。

2. 正文

在意向书正文部分，一般可以分为开头、主体和结尾 3 个部分来拟写，具体如图 9-2 所示。

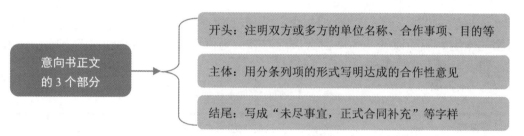

图 9-2　意向书正文的 3 个部分

3. 落款

注明当事人双方或多方的单位名称、代表人姓名以及联系方式，并加盖印章和注明日期，从而结束意向书的拟定。

4. 写作技巧

意向书的写作关乎当事人双方或多方接下来的谈判和合作，因此在写作时要特别注意，以免影响后续事宜的发展。具体来说，要想写好意向书，应该注意以下几方面问题。

1) 内容方面

意向书的内容是其基础，因此首先应该确保意向书的各个事项是真实且合理合法的，并在表达时不能太绝对化，要注意留有回旋的余地。

2) 结构方面

在内容确立的情况下，还应该注意在结构上予以完善，即意向书的标题、正文和落款 3 个部分，缺一不可。

3) 语言方面

拟写意向书与其他公文不同的是，它不要求语言表达具体，而是用比较笼统的语言来陈述，以保证其表达的弹性。

4) 态度方面

拟写者在具体写作时，还应该注意自身的态度，即不能因为意向书的法律效力相对弱而随意拟写，或对一些关键问题贸然作出承诺，这些都是损害自身形象或利益的行为，同时也是拟写者态度不端正的表现。

5) 原则方面

在拟写意向书时，还应该坚持两个原则：一是平等互利的原则，以保证当事人双方(或多方)的权利；二是合乎规定的原则，这主要是指意向书是符合法律法规的，也是在自身职权部门能解决的范围之内的。

9.1.3　范文分析——《××项目合作意向书》

合作意向书是当事人双方或多方就某一事项达成共识而签订的，具有合作方向性指引的作用。下面以《××项目合作意向书》为例，具体介绍合作意向书的写作模式，如表 9-1 所示。

表 9-1　合作意向书的模板

标题		××项目合作意向书
正文	开头	甲方：＿＿＿＿＿＿＿＿＿＿＿＿＿ 乙方：＿＿＿＿＿＿＿＿＿＿＿＿＿ 甲乙双方本着平等互利、优势互补的原则，经友好磋商，达成以下合作意向：
	主体	一、项目合作宗旨 　　为弘扬公益精神，加强全民的社会责任感，乙方于××××年×月联合甲方及社会各界发起××项目。 　　××项目的核心理念及宗旨是每年通过 12 个公益主题，传播"关注社会最普通人群"的公益理念和文化。 　　二、合作模式 甲乙双方…… 　　三、双方约定(略) 　　1．乙方…… 　　2．双方…… 　　3．甲方……
	结尾	四、本意向书是双方合作的基础。甲乙双方的具体合作内容以双方的正式合同为准。
落款		甲方(盖章)：　　　　　　　　　　乙方(盖章)： 代表签名：　　　　　　　　　　　代表签名： 日期：　　　　　　　　　　　　　日期：

【分析】这是一篇项目合作意向书，重点在于当事人双方就一个公益项目达成合作共识。在文章的开头，对当事人双方和合作原则进行了介绍，以"达成以下合作意向"引出下文；在正文的主体部分，主要写明了双方达成协议的项目合作宗旨、合作模式、双方约定的义务等事项；在结尾和落款部分，遵照意向书一贯的写作模式，对相关内容进行了说明，结构完整，详略得当。

9.2 合同——权利义务关系的协议

合同，在日常生活中比较常见，且这一公文文种的概念已经有相关法律对其进行界定，如《民法典》第四百六十四条第二条规定，合同的概念为"合同是民事主体之间设立、变更、终止民事法律关系的协议"。

9.2.1 基本概述——合同的特点和分类

合同作为一种民事法律行为，是两个及两个以上的论述表示一致的协议，具有一般法律行为的共同特点，具体如图9-3所示。

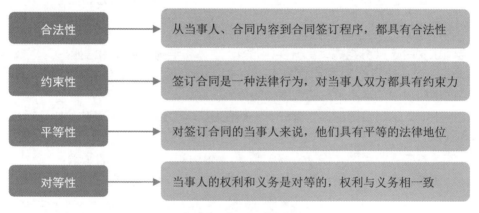

图9-3 合同的主要特点

合同根据支付与否、订立形式、订立要求、合同地位、名称和规则的有无等划分标准，可分为不同类别，具体内容如下。

- 根据是否支付报酬，合同可分为有偿合同和无偿合同。
- 根据订立形式的不同，合同可分为要式合同和不要式合同。
- 根据订立要求的不同，合同可分为实践合同和诺成合同。
- 根据合同地位的不同，合同可分为主合同和从合同。
- 根据名称和规则的有无，合同可分为有名合同和无名合同。

9.2.2 写作要点——合同的结构和写作技巧

合同作为一种凭证类公文，一般由标题、订立单位、正文和落款 4 部分组成。拟写合同时，不仅需要掌握这几个部分，还需要掌握一定的写作技巧，具体的要求和方法如下。

1. 标题

由于合同是当事人双方或多方订立的，因此其标题与其他公文的不同，它一般是不会注明制发机关的。

合同的标题一般是用"事由+文种"形式表明合同性质，如《采购合同》。当然，有时也会写当事人自己的单位，如购销合同，对购货方来说，写成《××(单位)采购合同》；对供货方来说，写成《××公司销售合同》。

2. 订立单位

订立单位位于标题下、正文之前。在注明订立单位时，应该注意以下两点。

- 另起一行并排书写当事人双方或多方的基本信息。
- 单位名称要写全称，并用括号注明"甲方、乙方""买方、卖方"等。

3. 正文

合同正文由 3 部分组成，即开头(引语)、主体和结尾，具体内容如下。

（1）开头。这是合同的引语部分，一般写明订立合同的依据和目的，如"为了……或根据……，甲乙双方签订本合同"等。

（2）主体。这是合同的核心部分，一般包括 5 个方面的主要条款，如合同标的、质量或数量方面的保证、价款或酬金、履行合同的期限/地点/方式、违约责任，它们是合同的基本内容。当然，根据订立的需要，还可增加其他必要的条款。

（3）结尾。合同的结尾一般包括 4 个方面的内容，具体如图 9-4 所示。

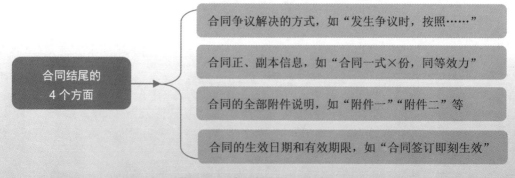

图 9-4 合同结尾的 4 个方面

4. 落款

相较于其他公文来说，合同的落款内容更详细。它一般包括以下 3 项具体内容。
(1) 合同当事人的签字、盖章。
(2) 合同订立双方或多方的联系方式、开户银行及账号。
(3) 合同订立的日期。

5. 写作技巧

合同的拟定和订立是一个需要当事人特别慎重的过程，因此在拟定合同时，需要特别注意以下几个方面。

1) 内容的合法与完备

合同是建立在一定的法律、规定基础之上的，只有内容与法律相符、与国家政策和规定相符的合同才是有效的。且合同的内容不仅要合法，还应该是完备的，即合同是没有任何疏漏的。

2) 语言的清楚与准确

合同的语言务必写得清楚明白，不能含糊不清；务必写得准确，不能出现歧义，这是确保合同避免发生争议的基本保证。

3) 订立的稳定和一致

合同的订立是建立在双方意见表达一致的基础之上的，因此一经签订，就不可随意改动。如果需要对合同作出修改，应该在双方或多方协商一致的情况下，把修改意见以附件的形式附于合同后，并完成双方或多方的签署程序才能生效。

掌握合同的写作方法，还需分清合同与意向书的区别。意向书是合同的先导，合同是意向书的最终体现形式之一，二者的区别简要介绍如下。

(1) 内容与法律效力的不同：合同的内容是当事人之间的民事权利义务关系，具有法律效力；而意向书只是双方就某一事项的一致认定，不具有法律效力。

(2) 签订时间的不同：合同的签订是在当事人就民事权利义务关系达成一致后；而意向书的签订只是基于当事人双方达成共识之后。

(3) 履行方式的不同：签订合同的当事人必须全部履行规定的义务，不得随意更改，违约时必须承担法律责任；而签订意向书的当事人没有必要完全按照规定进行，是可以改动的，且违背时不需要承担法律责任。

9.2.3 范文分析——《××政府采购合同》

采购合同是供方与需方协议一致而订立的确定供需关系的法律文件，用以保护双方的权益。下面以《××政府采购合同》为例，对合同的写作模板进行具体介绍，如表 9-2 所示。

表 9-2　采购合同的模板

标题		××政府采购合同
订立单位		供货商：_____ 采购单位：_____
正文	引语	为了保护供需各方的合法权益，根据《××××采购法》《××××合同法》等相关法律法规，并严格遵循招投标文件条款和中标供应商承诺，签订本合同，双方共同遵守。
	主体	一、合同文件：招标文件、投标文件的所有内容是构成本合同不可分割的部分。 二、合同金额：_____(以上价款以人民币进行结算) 《采购货物清单》(略) 最终数量按实结算，结算按以上单价。 三、设备质量要求及供方对质量负责的条件和期限：(略) …… 七、付款方式：(略) 八、违约责任：(略)
	结尾	九、因设备质量问题发生争议，由……，供需双方应当接受。 十、本合同发生争议产生的诉讼，可向…… 十一、本合同一式六份，供需……，具有同等效力。 十二、本合同……方为有效。 十三、本合同未尽事宜，双方……
落款		供方(盖章)：_____　　　需方(盖章)：_____ 地址：_____　　　　　　地址：_____ 法人代表(签字)：_____　　　法人代表(签字)：_____ 委托代理人(签字)：_____　　委托代理人(签字)：_____ 电话：_____　　　　　　电话：_____ 开户名称：_____　　　　开户名称：_____ 开户银行：_____　　　　开户银行：_____ 账号：_____　　　　　　账号：_____ 邮编：_____　　　　　　邮编：_____ ____年____月____日　　　　____年____月____日 签约地点：_____　　　　签约地点：_____
附件		附件一：××××(略) 附件二：××××(略)

【分析】这是一个采购合同模板，用于确立供需双方的权利和义务。在内容和结构安排上，该合同具备了所有要素，如标题、引语、主体、结尾、落款和附件等，在内容上更是合法、完备、准确，能确保双方的权利和义务落到实处。

9.3 协议书——意见统一签署契约

协议书是凭证类公文的一种，从本质上来说，它是一种契约性文书，有广义和狭义之分。

从广义的角度来看，协议书是指日常生活中所有的处理各种社会关系、事务达成一定协议时而写就的文书，是各种契约类文书的统称。

从狭义的角度来看，协议书是指党政机关、社会团体、企事业单位和个人为了解决某一问题或确定某种法律关系，经过谈判或协商而取得一致意见后签署的具有法律效力的契约类文书，它也是一种凭证类公文。

9.3.1 基本概述——具有法律效力的公文

从实质上来看，协议书就是一种具有法律效力的公文，具体论述如图9-5所示。

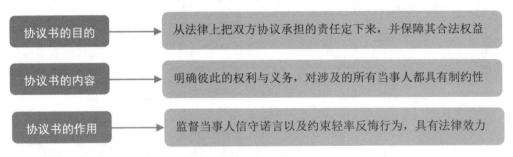

图 9-5 协议书解读

从图9-5可知，协议书具有极强的法律效力，起着保障双方的合法权益与监督不良行为的重要作用，具有规范性与约束力。

9.3.2 写作要点——协议书的结构和写作技巧

从结构上来看，协议书主要由标题、正文和落款3部分组成。下面重点介绍协议书的结构和写作技巧。

1. 标题

协议书的标题，一般有两种写作形式，具体如下。

(1) 双方单位名称+事由+文种：如《××××(单位)与××××(单位)关于××协议书》。

(2) 事由+文种形式：如《教育××××网站使用协议书》。

协议书的标题一般会写明合作的事由，不能单独以"协议书"为标题。

2. 正文

协议书正文部分的条款比较多，首先在开头写明签署协议书的背景、目的和依据等内容。然后在正文主体部分写明协议的具体事项，主要包括当事人双方或多方的标的、协议的时间和期限、协议的条款和酬金、协议条款履行的期限以及违约责任。正文结尾部分一般是补充说明，如"协议未涉及的××另行协商解决"。

3. 落款

协议书的落款与意向书的相似，应注明当事人双方或多方的单位名称、代表人姓名和日期，并加盖印章。有时还会写明当事人的联系方式、开户银行及账号。

4. 写作技巧

协议书是一种具有法律效力的公文，因此在写作时需遵循一定的原则并注意几方面的事项，具体内容如下。

1) 注意内容的合法性

协议的内容首先应该是符合国家法律、法规和政策要求的，不能在其中出现与其相悖的内容。

2) 遵守订立的原则性

协议的签署应该遵守协商一致、平等互利和等价有偿的原则，详细内容如图 9-6 所示。

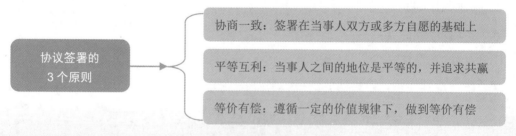

图 9-6　协议签署的 3 个原则

3) 把握语言的准确性

把握语言的准确性，是公文语言的基本要求，因此协议书的语言应写得准确具体，把签订协议的当事人双方或多方协议的具体事项写得清楚明白，确保协议起到约束作用，促进合作的正常进行。

9.3.3　范文分析——《政府与大学合作协议书》

协议书是一种与合同相似的凭证类公文，无论在格式还是在内容方面，它们都存在相通之处。下面以《政府与大学合作协议书》为例，具体介绍协议书的写作模板，如表 9-3 所示。

表 9-3　合作协议书的模板

标题		政府与大学合作协议书
正文	开头	甲方：××区人民政府 乙方：××大学 　　在已经来临的知识经济时代，更多的信息和科学创新成果选择以英语为载体进行传播，并且随着社会的快速发展，英语在人们的生活、学习、工作中使用的频率也会越来越高。 　　为此，××区人民政府决定……，让英语为…… 　　为了实现以上目标，……达成如下协议：
	主体	一、甲方为了……，诚恳邀请乙方…… 二、乙方……，给予甲方以力所能及的支持。 三、乙方对甲方的支持，主要包括：…… 四、甲方为乙方的在校学生提供……
	结尾	五、具体合作项目以附件形式附后，附件由双方职能部门商定，另择时间签订。 六、本协议未涉及的项目及未尽操作性的事宜另行协商解决。
落款		甲方：××区人民政府(盖章)　　乙方：××大学(盖章) 代表签名：×××　　　　　　　代表签名：××× 日期：××××年×月×日　　　　日期：××××年×月×日
附件		附件一：(略) 附件二：(略)

【分析】这是一篇合作协议书，重点介绍了某政府与某大学关于英语课程方面的合作。这篇协议在开头就点明了协议书签署的背景、依据和目的，并引出下文。在主体部分，就当事人双方的标的、协议期限、协议条款等内容进行了具体而准确的陈述。结尾则对附件和未尽事项的处理作了说明，以便后续协议工作的开展。

协议书与合同是有相通之处的，但二者毕竟不是一种文体，还存在着一些区别，具体表现在以下 3 个方面。

(1) 内容不同：协议书主要陈述协商一致的原则性意见，而不是对条款细致、深入的说明，一般内容比较简单；而合同力求问题面面俱到，陈述详细。

(2) 产生效力的方式不同：协议书除了最初的公文之外，它还可以就相关问题通过签订合同进一步完善；而合同则是一次性生效公文，不能随意改动。

(3) 适用范围不同：协议书的适用范围非常广泛，可以针对各种事务进行协商并签署协议书；而合同主要是针对经济技术领域的合作事务。

9.4 收条——钱财货物收领有据

收条是日常生活中比较常见的凭证类公文，它的内容普遍比较简单，主要涉及的是钱财或货物方面的收领情况。本节将具体介绍收条的基本概述和写作技巧，以便在日常生活中能熟练地运用。

9.4.1 基本概述——收条的应用场合与分类

收条，是收领人写给送交者的作为收到钱或物的凭证的公文，所有能体现这一收领与送交关系的场合都能用到这一文体样式。收条的应用有如图 9-7 所示的几种场合。

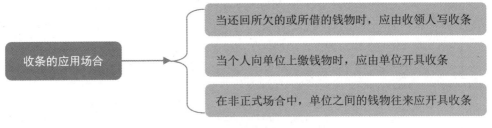

图 9-7 收条的应用场合

在上述场合中，根据收条应用对象的不同，可将其分为 4 种类型，具体如下。

(1) 个人与个人之间开具的收条：这是基于个人钱物往来的收条。

(2) 个人写给单位的收条：它是以个人的名义开具，把收条交给单位某一经手人的收条。

(3) 单位写给个人的收条：它以单位的名义开具，由某一经手人交给个人。

(4) 单位与单位之间开具的收条：它以单位的名义开具，由此单位经手人交给彼单位经手人。

9.4.2 写作要点——收条的结构和写作技巧

作为一种凭证类公文，收条在格式上有着严格的要求。下面重点介绍收条的结构和写作技巧。

1. 标题

收条的标题应居中书写在正文上方,一般有以下几种样式。

(1) 以"收条"或"收据"为标题。

(2) 以"今已收到""现已收到""收到""代收到"为标题,把正文中的前两个字或前三个字作为标题。

2. 正文

若是收条直接以"收条"或"收据"为标题的,正文书写格式为在第二行行首空两格;若标题中含有"收到""已收到"等字样的,正文格式为顶格书写。正文内容一般为收领人收到的钱物数量、品种、规格等,也就是说,应用简洁的语言把钱物写清楚。

3. 落款

落款包括 3 个方面的内容:收领人姓名或收领单位的名称、收领的具体时间、加盖公章。

假如是以单位名义开具的,写明单位名称并加盖公章,并在收领人姓名前加上"经手人:"字样。假如是由代收人开具的,在收领人姓名前加"代收人:"字样。

4. 写作技巧

收条是收领钱物的凭证,因此在拟写时要特别慎重,不能出现差错。关于收条的写作,具体应注意以下几个方面。

(1) 收条在拟写前,首先应该了解所收到钱物的具体信息,如应该对钱物的数额或数量进行清点,把握其品质和规格,确保准确无误。

(2) 在语言方面,收条应对没有必要写的内容进行删除,做到"务去陈言赘语",突出中心要点。

(3) 在内容上,不能进行涂改,以免造成不良后果。特别需要注意的是,假如出现钱款数目,应该用大写,如"壹、贰"等。

(4) 作为代收人开具的收条更特别注意,这类收条应该以"代收到"为标题,并在落款的署名处加"代收人:"字样。

9.4.3 范文分析——《××单位收条》

单位出具的收条是以单位的名义出具的,由一人经手,这类收条应注意其落款部分。如表 9-4 所示的收条就是由单位开具的,希望通过这一案例,大家可以清楚地知道收条的写作模式。

表9-4 单位收条的模板

标题	收条
正文	今收到××大队××生产队种植专业户×××同志夫妇共同捐赠的办学经费伍仟元整,一年生核桃苗伍拾株。
落款	长沙××××学校(盖章) 经手人:××× ××××年×月×日

【分析】这则以单位名义开具的收条,清楚地表述了收领人收到的钱款、物品,数目也采用了大写形式,同时写清了是从谁那儿收到的,非常简洁,陈言务去。在落款部分不仅有单位名称和公章,还有经手人的姓名,并注明了收到时间,清楚明白,格式规整。

专家提醒

领条也是一种凭证类应用公文,它的格式与收条的格式相似,不同的是内容。领条是对领到的钱物作出说明,一般也应该写清楚钱物的数量、品质和规格以及发放钱物的单位或个人。领条还需在正文结尾处写上"此据"字样作为凭证说明,至于其落款可参考收条格式拟写。若有需要,可以进入笔者的头条号"体制百晓吴聊先生",查看相关文章,帮助你学到更多凭证类公文的写作技巧。

第10章
其他类公文的写作

除了前面介绍的各类公文外,还有讲话类公文、书信类公文、礼仪类公文等。本章将从概念、写作要点及范例等 3 个方面重点介绍这些公文的写作技巧,以期帮助大家顺利掌握。

10.1 讲话类公文——表达某种目的和意义

日常生活中，人们总是通过话语来表达某一目的和某种意义，在讲话类公文拟写中也是如此，典型的如开幕词、闭幕词、发言稿和欢迎词等。本节将具体介绍讲话类公文的基础知识、格式要点、写作技巧和案例模板等方面的内容。

10.1.1 开幕词——拉开相应活动的序幕

开幕，其含义由"表演开始时拉开舞台前的幕布"发展到"一件事、一种情况的开始"，由此也赋予了与开幕有关的衍生词新的含义。其中，"开幕词"表示会议或重大活动开始时的正式讲话文稿。

开幕词作为一种讲话类公文，是发表在会议或重大活动开始时，其讲话者可以是会议或重要活动的主持人，抑或是相关部门的主要领导。一般来说，在会议或重大活动场合，开幕词是必需的，这主要是由其所具有的宣告性和引导性决定的。除了以上两个特征之外，开幕词一般还具有简明性和口语性，具体内容如图10-1所示。

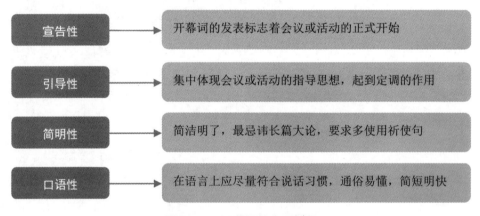

图10-1 开幕词的主要特征

从内容上来说，开幕词是有着差异性的，这种差异性表现在其内容的表达方式上。从这一方面来说，开幕词主要分为两类，即一般性开幕词和侧重性开幕词。

（1）一般性开幕词：对会议或活动的目的、过程、基本精神等方面内容，作简要的概述。

（2）侧重性开幕词：对会议或活动的背景、重要意义或中心内容作重点介绍，其他方面一笔带过。

开幕词与发言稿类似，也主要是由标题和正文两部分组成。开幕词的标题分为以下两类。

(1) 基本要素标题：这种开幕词标题包括主持人(或领导人)、会议(或活动)全称和文种类别等要素。

(2) "主+副"标题：这种开幕词标题是在包含基本要素的副标题前加上一个能表达会议或活动中心、主旨的主标题，格式如下。

追求卓越，崇尚质量
——×××大会开幕词

一般来说，开幕词的正文也是由3部分组成的，即开头语、主体和结语。开幕词的开头语应该包括3个要素，具体内容如下。

(1) 称谓：一般表示会议或活动的性质以及参与者的特定称谓。根据参与者的不同，开幕词的称谓各有不同，通常写作"各位××""女士们，先生们"等。当有特邀嘉宾参加时，应该对其加以特别说明，如"尊敬的××先生""各位××""朋友们"等。

(2) 宣布开幕：它紧接称谓之后，在格式上应另为一段开头，一般写作"××××大会(或活动)今天开幕了"，注意要独立成句。

(3) 会议情况简介：一般在开头作简要介绍，其内容包括会议和活动的规模、参与者的身份等，当然也应该对会议的召开或活动的举行和参与者表示祝贺。

在写作开幕词的过程中，应该从以下两个方面把握写作技巧。

(1) 应该注意格式方面的技巧：开幕词拟写者应该严格按照其格式要求拟写，而不是胡乱地进行公文内容的组合。因此，在格式上，应该段落、层次分明，标题、开头语、正文和结语等各就其位，并注意彼此之间的段落划分。

(2) 应该注意内容方面的写作技巧：从这一角度来说，公文的写作应该在内容和语言应用上符合开幕词的要求，具体内容如下。

- 内容安排：把握会议或活动的性质，郑重介绍其特点、意义、要求和希望等；对会议或活动本身的情况，如会议议程点到为止，简单概括即可。
- 语言运用：在开幕词行文方面，要求做到轻松、明快和流畅，切忌长篇大论；在评议时要坚定有力，能让受众真切地感受其热情，并充满鼓舞的力量。

下面以《××学会第×次会员代表大会开幕词》为例，具体介绍一般性开幕词的写作模板。

××学会第×次会员代表大会开幕词

尊敬的××主席，各位来宾，各位代表：

中国××学会第×次会员代表大会现在开幕！首先，请允许我代表中国××学会向莅临大会的×××主席和各位来宾表示热烈的欢迎和衷心的感谢!

这次大会的主题是:坚持以×××思想为指导,贯彻党的××大××届×中、×中、×中全会精神,全面落实科学发展观,进一步广泛开展教育学术研究与实践活动,为实现"×××"规划确立的教育目标贡献力量。

……

中国××学会是在党的方针指引下的群众性教育学术团体,我们要深入贯彻落实×××思想……

预祝代表大会圆满成功!

【分析】这是一篇典型的一般性开幕词,会议基本精神、任务和过程等都在文章中作了简要描述。从格式上看,标题、正文都在符合开幕式格式要求的情况下体现了会议的特征和性质。从内容上看,这篇开幕词在内容安排上详略得当,促进了大会的顺利进行,从而让相关人员在会议基本思想的指导下更好地完成工作任务。

10.1.2 闭幕词——总结性的结束讲话文稿

闭幕词是会议或重要活动的主要领导人代表举办单位,在会议或活动结束时讲述的有总结性的文稿,它标志着会议或重要活动的结束。无论是简明性和口语性的特点,还是种类,闭幕词与开幕词都是一样的。一般来说,在会议或重要活动开始时有开幕词的,也会有闭幕词。

在具体特点上,闭幕词除了具有口语性与简明性的特征外,还具有3个方面的特点,具体内容如下。

(1) 总结性:对会议或活动的主要内容和基本精神进行总结。

(2) 评估性:对会议或活动做总的评价,肯定其成果,评估其影响。

(3) 号召性:闭幕词行文充满热情,增强参加者贯彻基本精神的决心。

从闭幕词的含义和特点出发,闭幕词有4个作用,如图10-2所示。

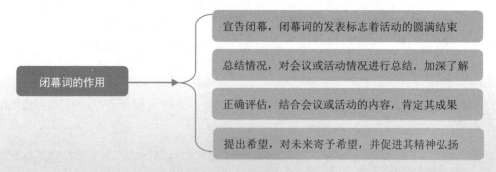

图10-2 闭幕词的作用

闭幕词与开幕词的结构基本相同,不同的是内容的侧重点,因此闭幕词在格式上要注意以下几个方面。

（1）闭幕词的称谓之后的正文开头部分，拟写者应该另起一段首先宣告会议或活动的闭幕，然后对其进程和具体情况进行简要概述，并简单、中肯地对其成果、意义和影响进行评估。

（2）闭幕词的正文主体部分应该按顺序排列写明详细内容，一般来说，应该包括如下3方面内容。

- 会议或活动的进程和基本精神。
- 会议或活动的重要性和深远影响。
- 向参加者提出贯彻基本精神的基本要求。

（3）闭幕词的正文结语部分，应该首先发出号召，提出希望，最后郑重宣布会议或活动的闭幕。

（4）注意闭幕词与开幕词的联系，拟写者应该使闭幕词与开幕词前后呼应、首尾衔接，从而呈现出会议或活动的举行情况。

闭幕词作为一种常见的公文类型，有其特定的写作技巧。只有在遵循其写作格式的基础上，掌握和运用一定的技巧，才能创造出一篇好的闭幕词。

（1）在内容上，闭幕词的写作技巧集中表现在对整个会议活动的总结上，具体如下。

- 内容要具有概括性，且这种概括应该是准确、得体的，不能胡编乱造。
- 内容要前后照应，即与开幕词、与会议或活动的主题、与会议或活动的主要问题这3个方面都能衔接上，能找到彼此之间的连接线索。

（2）在逻辑上，闭幕词应该有一个符合条理、层次清楚的特定顺序，而不是把文字和段落进行简单组合。因此，从这一角度来说，闭幕词的逻辑安排应该在符合逻辑性的基础上注意3个要求，如图10-3所示。

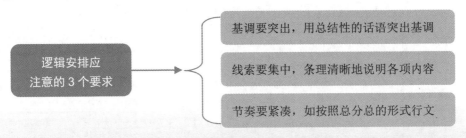

图10-3 逻辑安排应注意的3个要求

（3）在语言运用方面，闭幕词应该使语言尽量体现号召性和鼓动性，因此闭幕词的语言在写作时需要满足庄重得体的风格要求和激情昂扬的情感要求。

（4）闭幕词在整个风格上应该充分体现其简明性，无论是文字、语言，还是写作手法和篇幅，都应该尽量往简明性靠拢，呈现出简洁、精练、集中的风格。

开幕词和闭幕词分别发表于会议或活动过程的两端，针对一个相同会议或活动而言，因此它们既有联系又有区别——两者之间各有侧重又遥相呼应，详细说明如下。

(1) 两者的联系如下。
- 写作都重在概括：开幕词概括会议或活动的任务和意义；闭幕词概括会议或活动的基本精神和成果。
- 两者都体现出号召性：开幕词在于号召参与者积极投入到会议或活动中；闭幕词在于号召参与者努力完成任务。

两者都不是作为会议或活动的主体而存在的，因而篇幅都应简短。

(2) 两者的区别如图10-4所示。

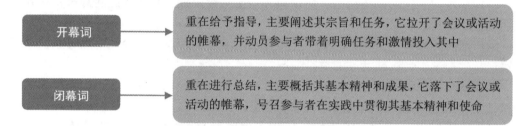

图10-4　开幕词与闭幕词的区别

在拟写闭幕词时，拟写者首先应该想到的是对各部分格式有一个清晰的认识，然后思考怎样合理地谋篇布局，并使用符合闭幕词风格的语言将闭幕词呈现出来。

下面以《××县第××届人民代表大会第×次会议闭幕词》为例，具体介绍闭幕词的写作模板，如表10-1所示。

表10-1　闭幕词的模板

标题		××县第××届人民代表大会第×次会议闭幕词
正文	开头	各位代表、同志们： 　　××县第××届人民代表大会第××次会议，在县委及大会主席团的领导下，经过全体代表和与会人员的共同努力，圆满完成了各项议程，今天就要胜利闭幕了。在此，我谨以大会主席团的名义，向各位代表和列席会议的同志表示崇高的敬意！向为大会认真服务的全体工作人员表示衷心的感谢！
	主体	会议期间，代表们……，听取、审议了……，通过了……，对进一步动员和激励全县各族人民，开创我县政治、经济、社会发展的新局面，必将产生重要作用。 　　今年是实施"××"规划的开局之年，也是加快实现我县发展的关键一年。现在，目标已确定，措施已明确，关键是……，为推动全县经济社会科学发展、和谐发展、跨越式发展作出新的更大的贡献！
	结尾	现在，我宣布，××县第××届人民代表大会第×次会议胜利闭幕。

【分析】本文是一篇人民代表大会闭幕词。从形式上看，闭幕词的各个写作要点都具备；从内容上看，特别是正文主体部分的内容，比较全面地包含了闭幕词3个方面的内容，接着简要介绍了会议的重要影响，最后对与会者和各位人大代表提出了贯彻执行会议基本精神和主要任务的基本要求。

10.1.3　发言稿——在会议上发言的稿子

发言稿，顾名思义，就是与会人员在会议上发言的稿子。这是在各级党政机关、社会团体和企事业单位中广泛应用的一种公文文种。

1. 发言稿的基本分类

发言稿有广义和狭义之分。广义的发言稿是人们在特定场合发表言论的文稿；狭义的发言稿是指一般与会人员在会议上发表的重点阐述意见、看法等文稿。在此，主要介绍狭义的发言稿。

从含义上看，发言稿包含了3个重要内容，即发言的主体、发言的对象和发言的内容。

从内容上看，发言稿可分为工作类发言稿和非工作类发言稿两大类。

(1) 工作类发言稿是针对工作方面的问题、情况作出有建设性发言的文稿，一般都是对工作进行总结，对未来工作表达某种愿景和目标，对工作中出现的问题提出建议和意见等。

(2) 非工作类发言稿主要是针对在特定场合和有特定目的的发言，如纪念、表彰、庆祝等。这类发言稿更倾向于情感与与会目的的表达，内容上往往在时间方面有着很大跨度，即包括对过去、现在和未来具体情况的描绘，其主旨更多的是针对受众的精神感召。

2. 发言稿的内容结构

在格式上，发言稿有固定的组成部分，一般包括标题和正文，且每一部分都有着特定要求，具体内容如下。

1) 标题

常见的发言稿标题主要有以下两种形式。

- "三要素"标题：这种发言稿标题包括发言者、发言事由和文种类别3个要素，如《×××(人名+职位或称呼语)在×××会议上的发言》。
- "主+副"标题：这种发言稿标题是在"三要素"标题这一副标题前加上一个能表达发言中心或主旨的主标题，如《如何成为一名优秀的××(职位或职业)——在×××会议上的发言》。

2) 正文

一般来说，一篇发言稿的正文可分为 3 个部分，即开头、主体和结尾。

发言稿的开头如同人们常说的"开场白"，一般是先确定称谓，发言稿开头的称谓应该根据与会人员的情况和会议性质来决定。在称谓之后，要加上问候语，如"大家好"，然后才进入发言稿开头的正题，即从一个合适的角度切入发言的缘由，引出发言稿的主体内容。

在发言稿的主体内容上，应该围绕会议的内容和发言的目的来展开，或是对会议内容或传播精神的理解和把握，或是针对会议提出的问题发表自己的看法、观点，或是讲话者对未来发展或工作的愿景等。

结尾，自然是要结束全篇了，此时应该对全篇作出总结，还可以针对讲话者的内容征询与会者的意见，并在发言最后对大家示以礼貌的感谢语。

3. 发言稿的写作技巧

在拟写发言稿的过程中，并不能随心而动，想到哪写到哪，而应该有一定的安排和掌握一定的技巧。具体来说，应该把握好内容和语言两个方面。

（1）内容上：有的放矢，中心突出，层次分明。发言稿的内容能够传达发言者的意图，因此在内容上做到"有的放矢、中心突出和层次分明"才是写好发言稿的关键，具体内容如图 10-5 所示。

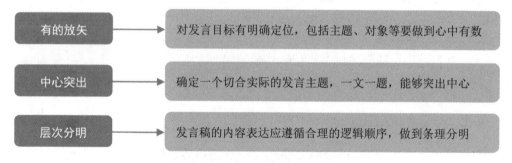

图 10-5　发言稿的内容表达技巧

（2）语言上：做到"上口""入耳"，少陈词滥调。发言稿是需要讲话者说出来的，因此对讲话者来说，要"上口"，即发言稿要符合人们的口语习惯，尽量采用短句，并选用响亮的字眼，让人在表达时朗朗上口。发言稿是要说给一定场合的受众听的，因此有两个要求：一方面，要求发言稿讲的是受众能听懂的话和内容；另一方面，要求发言稿内容能让受众产生兴趣，这就要求发言稿应少陈词滥调，在语言的生动性方面下功夫。

下面以《工作会议表态发言稿》为例，具体介绍工作类发言稿的写作模板。

工作会议表态发言稿

尊敬的各位领导、同志们：

　　大家好！

　　刚才聆听了×书记的讲话，我们×××中心全体人员，深受鞭策，备受鼓舞，同时也深感肩上责任重大……为了顺利实现全年工作目标，做好下半年的工作，我们中心要扎扎实实做好以下三方面的工作：

　　一、明晰思路，认识再到位……

　　二、抓住重心，措施再强化……

　　三、提升服务，实效再提高……

　　各位领导，同志们：我们坚信……

　　我的发言完了，谢谢大家！

　　【分析】本文是一篇代表单位在会议上对下半年的工作进行表态的发言稿。在内容上，开篇就对发言稿的缘由进行了交代，总结了上半年的工作成绩，由此引入实现下半年的工作目标应该怎么做的中心主题。在正文主体部分，条分缕析、层次分明地介绍了怎么做的具体内容，从认识到措施再到实效，一步步深入。在语言上，很好地体现了得体性和互动性，并更多地利用短句和响亮的字眼来引起受众的注意。

10.1.4　欢迎词——对人表示欢迎的讲话稿

　　欢迎词，顾名思义，即对人表示欢迎的讲话稿。一般来说，它用在接待或招待客人这类比较正式的场合，是主人方为表示欢迎而在宴会、座谈会等场合发表的讲话。

1. 欢迎词的基本分类

　　欢迎词作为一种非常重要的公共礼仪文书，在很多场合都会用到。那么，欢迎词具体有哪些类别呢？欢迎词可从两个角度进行划分，具体内容如下。

1) 根据社交性质划分
- 公事往来欢迎词：一般用在较庄重的公共事务场合，需事先拟好。
- 私人交往欢迎词：一般用在非官方的场合，具有很大的即时性、现场性。

2) 根据表达方式划分
- 现场讲演欢迎词：一般是主人方在客人到达时现场发表的讲话。
- 报刊发表欢迎词：一般是在报刊等公开发行刊物上发表的表示欢迎的文稿，其发表时间多为客人到达之前。

　　无论是哪种类型的欢迎词，都是用在表示欢迎这一特定场合中的，呈现出两个明显的特征，主要为口语化与欢愉性。

2. 欢迎词的内容结构

欢迎词也是一种讲话稿，因此与发言稿、开幕词和闭幕词有许多相似之处，但也存在差异。下面将具体介绍在拟写欢迎词时应该注意的格式问题。

1) 标题

欢迎词的标题可根据不同场合来拟写。一般情况下，以"欢迎词"作为标题，这类标题格式使其显得鲜明、简洁，突出了其文种。当在比较正式的场合下，标题的拟写也有多个要素，格式如下。

- 致词场合+致词人+文种：一般表示为《×××(致词人)在×××(致词场合)上的欢迎词》等，有时还可以直接把"欢迎词"替换成"讲话"。
- 致词场合+文种：一般表示为《在×××上的欢迎词》，省略了致词人。

2) 称谓

欢迎词的称谓，需在称呼前面加上"尊敬的""亲爱的"等修饰语，这样显得亲切；其次，应该注意称呼要写全称，让受众明白欢迎词的欢迎对象。

当来宾来自不同方面时，欢迎词的称谓也应该把各个方面都照顾到，这样既可以表示对主要来宾的尊重，也能表示对其他来宾的欢迎。面对集体成员，也可以用"各位来宾"或"女士们、先生们"来称呼，这是一种适用于各种场合的称谓。

3) 正文

在欢迎词的正文部分，主要包括 4 个方面的内容，如图 10-6 所示。

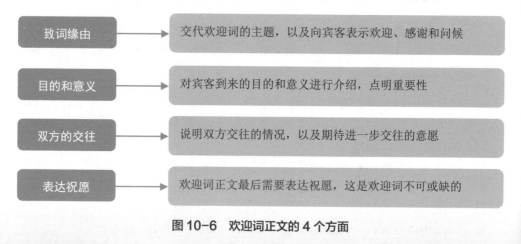

图 10-6　欢迎词正文的 4 个方面

4) 落款

在欢迎词正文的右下侧，应该写明致词的机关和致词人，并注明日期。当然，这一内容在演说时是不需要表达出来的，只有在正式发表时才会出现。有时也可把这一内容移至标题之下，让读者明白即可。

3. 欢迎词的写作技巧

欢迎词是基于社交礼仪场合而使用的讲话类公文，在拟写时要特别注意不要失礼和篇幅过长。写欢迎词时应该掌握以下技巧。

(1) 友好和真情：欢迎词的拟写中，友好和真情应该是第一要义。
(2) 措辞慎重：表示尊重，避免引起误会。
(3) 用语简明扼要：用简明扼要的语言，给人舒适感。
(4) 篇幅短小：一般以两三百字为宜，符合和谐的交往氛围。

在国与国之间的交往和合作中，外交礼仪是一个需要重点注意的问题，其中，欢迎词的运用就是一个重要的表现。下面以《×××大使在"×××青年外交官论坛"上的欢迎词》为例，具体介绍欢迎词的写作模板，如表10-2所示。

表10-2 外交礼仪欢迎词的模板

标题		×××大使在"×××青年外交官论坛"上的欢迎词
称谓		尊敬的××大使，各位青年朋友：
正文	开头	欢迎大家做客中国常驻团，出席××届"×××青年外交官论坛"。感谢××大使和×××安全政策中心为论坛举办提供的协助与支持。
	主体	在×××发起青年外交官论坛的设想酝酿已久，中国常驻团很荣幸主办了××届论坛。 为什么选择青年外交官作为论坛主角？因为…… 为什么选择×××为论坛举办地？因为…… 为什么选择全球安全挑战为首届论坛主题？因为…… 我们今天……
		我参加外交工作已××××年。通过多年的体会和思考，我认为，外交官也应该是哲学家，视野开阔，思想开放，不拘泥于一事一物。 …… 我相信……，为共同应对全球安全挑战做出贡献。
	结尾	预祝××届"×××青年外交官论坛"圆满成功。 谢谢！
落款		中国×××(组织)××× ××××年×月×日

【分析】这是一篇出于外交礼仪的非常合乎规范的优秀欢迎词范文。在称谓上，"尊敬的"一词，既表现了对主要来宾的尊重，又表现了对其他来宾的欢迎；正文开头部分简短而又清楚，着重表现了对来宾的欢迎和问候；在正文主体部分，连续用3个设问，来阐述此次论坛举行的缘由和意义，用精练的语言介绍了对外交工作的思考以及表达了论坛的期望结果；在结尾处，用简短有力的话语表达了致词人的希望，很好地结束全篇。

10.2 书信类公文——用于交际的应用文体

在公文的写作中，书信文体运用得比较广泛，还形成了一种特殊的专用书信公文，其公文类别和涉及的内容多种多样。本节具体介绍感谢信、介绍信、证明信、慰问信 4 种书信公文的写作，希望读者能举一反三，顺利地掌握书信类公文的写作。

10.2.1 感谢信——将感恩之情书面化

感谢信，顾名思义是表达感谢的一类书信公文，它是指在受到有关组织、单位或个人帮助之后产生感激之情，将感恩之情书面化，表达成文，给人以正式、尊重之感的专用公务文书。

1. 感谢信的结构

使用感谢信，主要是为了表达感谢，还可以对外公布，向社会宣传对方的优秀事迹，不仅可以起到表扬与激励的作用，而且有助于形成良好的社会风尚。感谢信一般由标题、称谓、正文和落款 4 部分组成，下面介绍具体的格式要求。

1) 标题

多数情况下，标题直接用"感谢信"三字即可。若要突出想要感谢的对象，也可写作《致×××的感谢信》，标题居中书写。

2) 称谓

称谓即实施帮助的组织名称或个人姓名，为了表示尊重，感谢信的称谓应加上"尊敬的""敬爱的"等表示敬意的修饰语。

3) 正文

感谢信的正文，主要包括 3 方面内容，即感谢的原因、评价与表扬、致敬语，具体如下。

- 感谢的原因：即在称谓之后，交代事件的起因、经过、结果，发生事件的时间、地点以及涉及的人物等，表达清晰明了，实事求是。
- 评价与表扬：指的是对发生事件的客观评价，基于事实，也重点突出事件中所表现出的崇高精神，表示肯定与提出表扬，对所起到的帮助表示感激，也可表明今后向其看齐的决心。
- 致敬语：为表示尊重，在结尾处应写上"此致""敬礼"等字样。

4) 落款

写完感谢信的正文后，在正文的右下方署名与标上日期，可方便实施帮助的人知晓。

2. 感谢信的写作技巧

拟写者在拟写感谢信时，知晓行文格式之后，可通过一些写作技巧，来实现一篇优秀的感谢信的写作。下面介绍感谢信的写作技巧。

1) 记录真实事件

真实性是感谢信通篇内容的基调，而对于事件的真实记录是感谢信的基本要求，也是写明感谢原因的必要要求。写感谢原因时，可在开头部分首先表示感谢，其次按事件发生的起因、经过、结果等记录，注意所涉及的人物、事件也要真实。

2) 详写与略写

对发生事件记录时，注意文章的简洁，分清详写与略写部分，需要详写的是得到了哪些帮助，以及这些帮助起到了什么效果，省略的部分可以是环境的修饰、事件背景的介绍等，之后再自然而然地表露出感激之情。

3) 语言情真意切

感谢信的目的在于感谢，具有表扬与激励作用，同时也希望带有感召作用，因此语言的使用要情真意切，恰当地使用赞美之词表达感受，要使对方感觉到肯定与激励，也可使其他人受到鼓舞。

感谢信的应用范围很广，辗转于各个不同的个人或群体，下面以一篇个人与个人之间的感谢信为例具体介绍感谢信的写作方式，如表10-3所示。

表10-3 书信类感谢信的模板

标题	感谢信
称谓	敬爱的××阿姨：
正文	谢谢您上次在我遇到困难时帮助了我，带我到您家吃了一顿丰盛的晚餐，免去了我饿肚子的大问题。 　　其实，那天是因为××××，害得我一个人在楼下孤独而又焦急地等着我那"牛脾气"的妈妈回家给我做饭吃，望穿秋水般地等待着，天色渐渐地暗下来了，我的肚子也已经饿得咕咕直叫，可是妈妈还是没有回来。 　　正在这时，××阿姨您来了，您热心地问我是怎么回事后，热情地拉着我的小手来到您家，给我盛了一碗香喷喷的米饭，还给我夹了很多好吃的菜，让我饱饱地吃了一顿美味可口的晚餐，解决了我饿肚子的大问题。 　　××阿姨！您是一个乐于助人、富有爱心的大好人，我以后也要像您一样，多去帮助别人，做一个助人为乐的好学生。 　　我还要祝福您：身体健康！永远快乐！ 　　此致 　敬礼
落款	三年级：唐×× ××××年×月×日

【分析】这是一篇格式规范、语言幽默的优秀的感谢信。在称谓上，"敬爱的"表达对实施帮助者的尊重；正文开头部分首先表示感谢，而后主体部分用幽默的语言

交代了感谢的原因,其中流露出真挚的感激之情,最后又赞美了对方,以及表达了向其学习的决心与美好祝愿;在结尾处,使用"此致""敬礼"收尾,格式标准且行文规范。

10.2.2　介绍信——介绍联系接洽事宜

介绍信作为一种介绍联系接洽事宜的文体,主要用于党政机关、社会团体和企事业单位派人外出办事时持有。那么,它是怎样的呢?下面进行具体介绍。

1. 介绍信的基本分类

介绍信以"介绍"为名,主要目的在于向别人介绍自己。这一公文在运用时体现了以下两个作用。

(1) 自我介绍:用于联系工作、洽谈业务、参加会议和了解情况。
(2) 自我证明:用于证明并让对方了解自己的身份和目的,获取信任。

介绍信按照其形式的不同可分为两类,具体如图 10-7 所示。

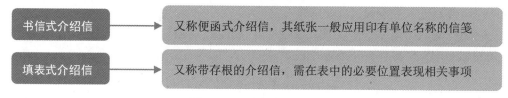

图 10-7　介绍信的分类

2. 介绍信的内容结构

从介绍信的格式来看,书信式介绍信和填表式绍信内容都是由标题、称呼、正文和落款 4 部分组成的,具体内容如下。

1) 标题
介绍信的标题形式为"介绍信"字样,居中书写。

2) 称谓
称谓一般顶格书写受文单位的名称或个人姓名,在其后再加上称呼语。

3) 正文
在介绍信的正文部分,应该写明被介绍人的姓名、人数、身份等基本信息以及前往接洽的事项、向接洽单位提出的要求和希望等,其后还会加上"请接洽"等惯用语。写完这些内容后,另起一行空两格写上"此致",并在下一行顶格书写"敬礼"字样。

4) 落款
介绍信的落款部分除了公文惯有的署名和成文日期外,还有一个有效期限的辅助说明,其中具体天数用大写。其中,带有存根的介绍信在格式上已经基本确定下来,只需填写相应的内容即可。这样的介绍信要注意的是它的 3 个基本组成部分，即存根联、间缝和正式联。

上面介绍的书信式介绍信的内容可看作其正式联部分，不同的是，带存根的介绍信正式联应该在标题下一行居右注明介绍信的编号。在存根联和正式联之间的部分是间缝，在此应该注明介绍信的编号，并加盖出具单位的公章。

在间缝的上面是介绍信的存根联，它由标题、介绍信编号、正文和成文日期等组成。介绍信的存根因为是为了出具单位留存备查的，因此不在落款部分写明单位名称，且这部分内容也是简写的。

3. 介绍信的写作技巧

介绍信有介绍、证明双重功用，因而其写作方法与证明信有相同之外，具体写作技巧如图 10-8 所示。

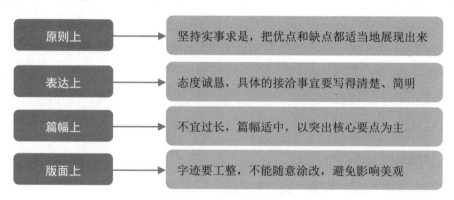

图 10-8 介绍信的写作技巧

带存根的介绍信正式联的书写与书信式介绍信有着诸多相似之处，下面就以一篇书信类介绍信公文为例来进行具体介绍，如表 10-4 所示。

表 10-4 书信类介绍信的模板

标题	介绍信
称谓	××市政府采购中心：
正文	兹介绍×××同志(一人)(身份证号码××)前往贵中心联系办理更改在贵中心采购网注册的管理员账号和密码事宜。请接洽并给予办理为盼。 此致 敬礼！
落款	××××单位(公章) ××××年×月×日 (有效期×天)

【分析】这是一篇书信类介绍信，主要是派遣×××同志前往联系注册的管理员账号和密码修改事宜。全篇言简意赅，接洽事宜写得具体、简明。拟写者着重点明了其中两个要点：一是派遣人的身份；二是前往接洽的事宜。

10.2.3 证明信——用来表示证明的书信

证明信，从其字面含义来看，就是一种用来表示证明的书信公文，有着书信体公文特有的格式与特点。下面将具体介绍证明信的相关内容。

1．证明信的特征与分类

证明信是一种专用书信，又称作"证明"，是以组织(如党政机关、企事业单位、社会团体等)或个人的名义证明一个人的身份或事情，供接收单位作为处理某人某事根据的书信。

从这一概念出发，证明信可分为两类，即组织证明信和个人证明信。而组织证明信又根据产生方式的不同分为普通书写证明信和印刷证明信。不同的证明信实则具有相同的特点，具体内容如下。

- 具有凭证作用。
- 多采用专用书信体格式。
- 内容简洁清晰。

2．证明信的内容结构

证明信一般由标题、称谓、正文和落款4部分构成。

1）标题

证明信的标题有两种写作形式，具体如下。

- 事由+文种：在第一行正中书写，如《有关××问题的证明》。
- 只有文种：把"证明信"或"证明"这一文种作为标题。

2）称谓

证明信的称谓需顶格书写在标题的下一行，一般为受文单位名称或受文个人姓名。当证明信没有固定受文者时，在正文前用表示引导的"兹"字代之。

3）正文

证明信的正文要根据实际情况、问题和要求进行陈述，任何无关问题都可以省略。正文内容一般包括两个方面，具体如下。

- 证明某人，需写明某人姓名，以及写明何时、何地经历了何事。
- 证明某一件事情，写明参与者姓名、身份及在其中的地位，交代事件的前因后果。

在主要内容陈述完后，另起一行，顶格以"特此证明"字样结束全文。

4) 落款

证明信的落款包括署名和成文日期两项内容。它作为一种凭证,还应该加盖印章,以此增加证明信的证明效力,这是必不可少的。

3. 证明信的写作技巧

能作为证明某人或某事的凭证,是其之所以称为"证明信"的原因。基于这一因素,证明信在写作过程中必须达到以下要求。

(1) 内容的真实性。这是写作证明信的第一要义,做到依据确切且内容真实可信、不虚夸,才能让人信服。

(2) 语言的准确性。这是写作证明信的基本要求。证明信的语言必须是能准确、清晰地证明某人或某事,而不是含混不清,让人无法确切查知真实情况。

(3) 在写作证明信的过程中,拟写者应注意不能用铅笔、红色笔书写,且不能涂改。假如证明信中出现了涂改,则应该在涂改位置处加盖印章。

(4) 对个别证明信,还应该区别对待。例如,个人证明信的对象是拟写者不太熟悉的,应该在其中写明"仅供参考"等提示语;又如,随身携带的没有固定受文单位的证明信,拟写者应该注意在其中注明有效期限。

证明信的内容多种多样,可以是一件事,也可以是一个人,且针对一件事或一个人要证明的要点内容也不尽相同。因此,拟写者应该根据实际情况进行写作。下面以一篇个人证明信为例,介绍个人证明信的模板,如表 10-5 所示。

表 10-5　个人证明信的模板

标题	证明信
称谓	××局党委:
正文	×××同志,男,现年××岁,××××年九月考入我校学习,系×××教授的研究生,××××年九月毕业。由于历史原因,毕业时未能发给研究生毕业证书,现将补发。 特此证明。
落款	××大学校长×××(盖章) ××××年×月×日

【分析】这是一篇个人证明信公文,主要是用来证明某人的身份及其学习经历的真实性。全篇用简洁的语言写清了人物、事件的要点,实现了把问题叙述清楚的目的,并且把所有的要点都交代得清楚明白。落款处的内容也是很完备的,证明了其文书的有效性。

10.2.4 慰问信——表示关怀、慰问的书信

慰问信，顾名思义，就是一种表示关怀、慰问的书信类公文，在节日或遇有重大事件或特殊情况时使用得比较多，下面进行具体的介绍。

1. 慰问信的应用场景

安慰、问候是慰问信的最主要目的，只有真挚的能打动人、安慰人的慰问信才能达到它的目的。那么，它主要适用于什么情况呢？下面将一一进行介绍。

首先，慰问信是一种表示问候的公文，它主要对一些作出了特殊贡献的集体或个人在节日或特殊情况下表示问候，表彰他们的成就和功绩，鼓励他们继续奋斗，并表示节日的祝贺。

其次，慰问信是一种表示安慰的公文，它对一些由于某种原因而遭到暂时困难和严重损失的集体或个人表示同情和安慰，并鼓励他们坚强起来，努力战胜困难。

其实，上述两种情形有时有一定的交叉性，并没有太严格的界限，安慰和问候之情交织，成就了慰问信的特殊情感和专用文体。

2. 慰问信的内容结构

慰问信的结构主要由标题、称谓、正文和落款组成，它们共同组成一篇完整的慰问信公文。下面对这些组成部分进行具体介绍。

1) 标题

慰问信的标题有如下 3 种写作形式。

- 以文种命名：最简单、直接的，在首行居中书写"慰问信"字样。
- 以慰问对象+文种命名：这一类标题一般写成"致×××的慰问信"这一样式。
- 以发文单位+慰问对象+文种命名：一般写成"×××致×××的慰问信"的样式。

2) 称谓

在称谓部分，应该顶格写明慰问对象的单位名称或个人姓名。假如慰问对象是个人，则应该在个人姓名前加上敬称，如"敬爱的""尊敬的""亲爱的"等，个人姓名后加上称呼语，如"先生""同志""女士"等。

3) 正文

在正文部分，应该写明 3 个方面的内容，具体如下。

- 首先，写明慰问的背景和原因，为引出下文作铺垫。
- 其次，写明慰问的事项。
- 最后，是慰问信的结尾部分，包含 3 个方面，具体如图 10-9 所示。

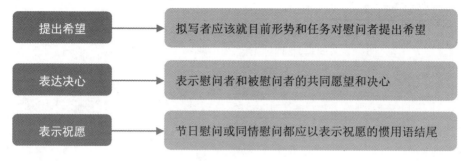

图 10-9 慰问信结尾的 3 个方面

4) 落款

慰问信的落款需要注明发文单位名称和成文日期。

3. 慰问信的写作技巧

在慰问信的写作过程中，掌握一些写作的技巧是非常有必要的，具体内容如下。

1) 内容方面

慰问信主要是对两种对象表示慰问：一是有着特殊贡献的，二是遇到困难的。对前一种，慰问信内容应该侧重赞颂他们所作出的巨大贡献和获得的巨大成就；对后一种，慰问信内容应该侧重表示对他们的关怀、慰勉和支持。

2) 情感方面

慰问信在情感和抒情上有着较高的要求，首先需要表现出慰问者和被慰问者之间的深厚情感；还要求能让作出贡献的集体和个人感受到其中的激励和赞赏，能让遭遇苦难者感受到支持，从而增强建设社会或克服困难的信心。

3) 署名方面

当慰问信的拟写单位或个人并不是单个时，应该把所有的单位和个人一一列上，这才是慰问信的正确署名方式。

下面以《××××总工会致全国各族职工的慰问信》为例，具体介绍慰问信的写作模式，如表 10-6 所示。

表 10-6 书信类慰问信的模板

标题		××××总工会致全国各族职工的慰问信
称谓		全国各族职工同志们：
正文	开头	新年伊始，万象更新。值此××××年元旦来临之际，××××总工会谨向辛勤工作在全国各条战线上的广大职工致以亲切的问候和崇高的敬意！

续表

正文	主体	××××年，面对错综复杂的国际形势和艰巨繁重的国内改革发展稳定任务，以×××同志为总书记的党中央…… 在全国广大职工的积极参与和共同努力下，各级工会…… 在新的一年里，全国各族职工群众要……，为夺取全面建成小康社会决胜阶段伟大胜利作出新的更大贡献！
	结尾	祝全国各族职工新年快乐、身体健康、阖家幸福！
落款		××××总工会 ××××年×月×日

【分析】这是一篇节日慰问信。首先交代了发出慰问信的背景和原因，从过去的形势、各族职工和各级工会的成就3个方面进行了陈述，展望新一年里的目标和希望。在结尾部分，以向全国各族职工表示问候结束全篇，与开头呼应。

10.3　礼仪类公文——日常交友与为人处世

处于礼仪之邦，在我们的日常交友与为人处世中，礼仪类公文是运用得比较广泛的，且其公文类别和涉及的内容也多种多样，写好礼仪类公文可以帮助我们在为人处世中更加从容。

本节主要介绍悼词、请柬、贺信3种礼仪类公文的写作技巧，希望读者能融会贯通，顺利地掌握礼仪类公文的写作要点。

10.3.1　悼词——缅怀先人和激励后人

悼词，在中国古代称为吊文、哀辞，主要是对死者表示哀悼、敬意的一类公文，一般会在死者的追悼会上宣读。悼词具有怀念死者、缅怀先人和激励后人的作用。那么，一篇悼词主要包括哪些内容，又具有怎样的格式要求呢？下面将具体介绍。

1．悼词的结构

一篇完整的悼词大致由标题、正文、结尾3部分组成，具体阐述如下。

1）标题

悼词的标题一般有如下3种样式。

- 在正文前居中书写上"悼词"二字。
- 主持追悼会的主持人在宣读悼词时，应使用《××同志致悼词》。
- 若是公告、贴印时，应使用《在追悼××同志会上××同志致的悼词》。

2) 正文

悼词的正文内容主要表现哀思，具体内容包含 4 个方面，即点明哀思的主题、明确哀思的对象、对哀思对象事迹的称赞以及对生者的展望与希冀，具体内容如图 10-10 所示。

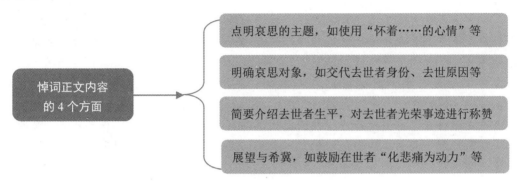

图 10-10　悼词正文内容的 4 个方面

3) 结尾

结尾一般与开头呼应，即再次点明哀思的主题，有两种写法可作参考。

- 省略式："愿××同志在地下安息！"
- 升华式："××同志和我们永别了，我们要化悲痛为力量……××同志的精神将永垂不朽！"

2. 悼词的写作技巧

在悼词的写作中，可以掌握一定的写作技巧，帮助拟写者更好地厘清行文思路，具体内容如下。

1) 内容上，明确主题写作目的，实事求是

悼词的主要写作目的是对去世者生平事迹的介绍，肯定其丰功伟绩，然后传达出赞颂的情感，感召在世者学习去世者好的作风。对于去世者的事迹歌颂需如实陈述，不夸大事实，过度粉饰。

2) 情感上，哀思与勉励并行，情真意切

悼词更多的是对去世者一生的简要回顾，因此在赞扬去世者美德时往往容易触动人心，令人深感惋惜，因而沉浸于悲痛之中，但"逝者已逝，生者节哀"，对于去世者的精神传递才是对去世者最好的哀思。优秀的悼词应当真挚地表达勉励之意。

3) 语言上，简约质朴，严肃且精练

在悼词的语言使用上，无须辞藻过于华丽，简约质朴更能表达真切的情感，但也不能过于平白无约束，相对严肃且正经的语言表达可对去世者表尊重。

下面以《××老人追悼会悼词》为例，具体介绍悼词的写作模式。

××老人追悼会悼词

各位来宾、各位亲朋好友、各位乡邻：

今天，我们怀着无比沉痛的心情深切悼念××老人。××老人生于××××年××月××日，她于××××年×月×日××时许，因××××去世，享年××岁。

××老人从发病到去世，她始终与病魔作斗争，表现了十分顽强的毅力。同时，在她老人家有病和病重期间，各位亲朋好友……，努力尽一份孝心，走时难舍难离，依依不舍，千嘱咐，万安慰。

××老人一生辛勤劳苦。在家庭……。××老人一生温柔善良。她尊老爱幼，……，她的去世，是家庭的一大损失，是亲朋好友的不幸，是众位乡邻的不幸。

人走精神在，身去德音存。我们要化悲痛为力量，艰苦奋斗，勤劳致富，文明发家，努力处理好与家人、与他人的各种关系，要充分发挥自己的聪明才智，积极参与社会……

最后，祝愿××老人一路走好！谢谢大家！

【分析】这是一篇哀思老人的悼词。首先对去世者的离世表达了忧伤，交代了去世者的离世原因；接着简要介绍了去世者的生平，并表示称赞；最后勉励在世者节哀，并提出希冀，结构完整，语言简朴。

10.3.2　请柬——邀请宾客参与活动

请柬，又称请帖，指的是邀请宾客参与活动的一种书面通知。请柬的主要作用是交往联谊，因此被广泛应用于各种社会交往活动中。一般而言，人们举办大型的庆典活动如结婚、搬迁、祝寿等，或是召开隆重的座谈会、讲座等会使用请柬，以表对事件的重视。

请柬具有格式固定、篇幅短小、态度诚恳等特征，相较于其他礼仪类公文，其在纸质制作上相对精美，因此还具有美观性。

1．请柬的内容结构

请柬有两种样式：一是单面式，直接由标题、称谓、正文、落款等构成；二是双面式，这类请柬的结构不变，只是在篇幅上增添了一个封面，这是制作精美的特征表现。这两种样式都有相同的写作结构与要求，具体如下。

1）标题

单面式的标题会直接在正文前居中位置写上"请柬"二字；双面式的请柬会在封面写明"请柬"二字，制作上多会使用艺术字或名家临摹等字体加工。

2）称谓

称谓就像在书信体的格式中，其表格下一行顶格写上邀请嘉宾的名称，如"××

报社""××教授""××先生"等,其后加冒号,引出正文内容。

3) 正文

正文内容在称谓之后,另起一行空两格书写,主要涵盖活动内容、活动性质、活动地点及活动时间等。如举办婚礼请柬,应写明婚礼举行的具体时间、地点。若有其他注意事项也应告知被邀请者。如参加庆典,需要被邀请者准备节目,应注明"请准备节目"等。

4) 敬语

敬语指的是在正文内容之后,写上"敬请光临"或是"此致""敬礼"等表示尊重与敬意的语言。敬语可在正文之后书写,也可另起一行。

5) 落款

落款注明邀请者名称,如单位或是个人,以及写明请柬发出日期。

2. 请柬的写作要求

写作请柬应注意以下两点要求。

1) 内容达雅兼备

达,指的是请柬中涉及的要点齐全,如活动内容、活动地点、活动时间等表达到位以及准确无误。雅,即请柬的语言表达,整体上看内容具有美观性以及请柬的纸张或是包装制作精美,具有极高的观赏性。

2) 语言庄重明了

写作请柬时语言的使用切忌辞藻华丽,给人"媚俗"之感。一篇优秀的请柬,通篇应该让人感受到邀请者对活动的重视以及对被邀请者的尊重,因而体现出庄重明了为佳。

下面以一篇升学宴请柬为例,具体介绍请柬的写作模式。

请 柬

亲爱的××老师:

您好!

都说教师是辛勤的园丁,三年来,在您的辛苦栽培之下,我们这些稚嫩的"幼苗"终于茁壮成长为"参天大树"了,而您的辛勤付出,也终究有了回报,虽然我们即将去往更广阔的天空,但定不会忘记您的培育,有朝一日,定有桃李满园之时……

现在我们诚意邀请您于××××年××月××日××时到××××参加我的升学宴,还望届时光临!

邀请人:×××
××××年××月××日

【分析】这是一篇举办升学宴的请柬。其中请柬的标题、称谓等各个结构齐全,活动的时间、地点也交代得清楚明了,语言流畅、情感真挚,兼具内容的达雅与语言的庄重明了,是一篇优质的范文。

10.3.3 贺信——表示祝贺的专用文体

贺信,是一种用来表示祝贺的专用文体。除了对对方表示祝贺外,它兼具慰问和赞扬的功能。这是一种有着悠久历史源流的文体——由古代祝辞演变而来。那么,现今所使用的贺信是怎样的呢?下面将进行详细的解读。

1. 贺信的特征与分类

贺信作为一种礼仪类的公文,具有以下特征,具体如图 10-11 所示。

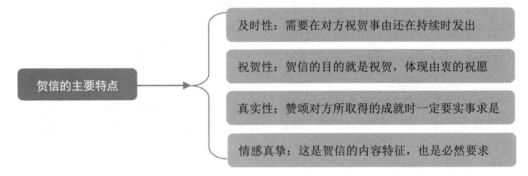

图 10-11 贺信的主要特点

从贺信发送的双方之间的关系来看,它主要分为 5 类,具体内容如下。

(1) 国际往来贺信:是一种外交贺信,一般写在新首脑就职或国家有重大喜事时。它既是外交礼仪的需要,也是促进两国友好往来、谋求发展需要。

(2) 上行文贺信:是下级发送给上级的贺信,它除了表示对全局性工作中取得成就的祝贺外,往往还会把下级自身完成任务的决心和信心也囊括进去。

(3) 下行文贺信:是上级发送给下级的贺信,表示对节日或工作成就的祝贺。

(4) 平行文贺信:是同级机关之间发送的贺信,它除了需要对对方取得的成就表示祝贺外,还应该在行文中表明一种向对方学习的谦逊态度,并对保持和发展双方关系表示己方的愿景。

(5) 私人往来贺信:内容一般比较复杂,包括生活中各种值得祝贺的事情。

2. 贺信的内容结构

贺信作为一种专用书信,从格式上来看由标题、称谓、正文和落款 4 部分组成,具体内容如下。

1) 标题

贺信的标题有 5 种主要的写作形式，具体如下。

- 以文种直接命名，即直接以"贺信"为标题。
- 发送机关+文种：如《××贺信》。
- 贺信对象+文种：如《给××的贺信》。
- 发送机关+贺信对象+文种：如《××给××的贺信》。
- 贺信事由+文种。

2) 称谓

在称谓部分，在标题下一行顶格写明贺信对象的名称，一般是单位名称或个人姓名。其中，写给个人的贺信需要在姓名后加上称呼语。

3) 正文

贺信一般是基于某一事由而发的，因此在正文部分首先应该表明发出贺信的背景，交代清楚发出贺信的原因，表明原因是贺信正文的主要内容。最后就祝贺的原因发出由衷的祝贺，并提出希望和要求。与一般书信一样，贺信也应该在正文结束后加上书信惯用语，如"此致""敬礼"等。

4) 落款

在落款部分写明发出贺信的单位名称或个人姓名，并注明成文日期。

3. 贺信的写作技巧

在贺信公文的写作中，可使用一些写作技巧，从而更好地完成写作，具体内容如下。

1) 内容方面

贺信的正文部分，应该包括 5 个方面的内容：向谁祝贺、祝贺什么、为什么祝贺、祝贺话语、提出要求与希望。

2) 感情方面

贺信要表达出的情感应该是真挚热烈的，能让被祝贺人充分感受到其中鲜明、充沛的喜悦热烈之情，从而受到鼓舞和激励。

3) 用语方面

贺信应该采用简练的语言，用不太长的篇幅表达出所有应该展现的内容，并突出中心，把所有累赘老套之语尽皆去除。

事项贺信是针对具体事项表示祝贺的专用书信，这类事项一般是有着重大意义、取得巨大成就等的事项，如有影响的国际会议的召开、国家新首脑就职等。下面以《×××致申办冬奥会代表团的贺信》为例，具体介绍事项贺信的写作模式，如表 10-7 所示。

表 10-7　事项贺信的模板

标题	×××致申办冬奥会代表团的贺信
称谓	申办冬奥会代表团：
正文	北京携手张家口获得了××××年第二十四届冬季奥林匹克运动会的举办权，我向你们致以热烈的祝贺。 　　你们为申办冬奥会作出了巨大的努力。希望你们能再接再厉、扎实工作，在全国各族人民的大力支持下，把××××年冬奥会办成一届精彩、非凡、卓越的奥运盛会。
落款	××× ××××年×月×日

【分析】这是一篇事项贺信，中心内容是针对申办冬奥会成功这一事项表示祝贺。全篇仅一百多字，却清楚明白地把为什么祝贺、祝贺谁、祝贺什么和提出了什么样的希望与要求等都表达了出来，言简意赅，祝贺诚挚热烈，希望殷切诚恳，堪称短小精悍的贺信典范。

参 考 文 献

[1] 李永新. 笔杆子是怎样炼成的：公文写作实战[M]. 北京：清华大学出版社，2021.
[2] 刘俊编. 实用公文写作一本通[M]. 北京：经济科学出版社， 2012.
[3] 岳海翔，舒雪冬. 公文写作范例大全：格式、要点、规范与技巧[M]. 北京：清华大学出版社，2018.
[4] 张浩. 新编党务公文写作与规范处理大全[M]. 北京：北京工业大学出版社， 2016.
[5] 管永前，卫志民.最新党务公文写作实用大全 规范·技巧·案例[M]. 北京：中共中央党校出版社，2014.